（修订一版）

华为系列故事

主 编　田　涛　殷志峰

编委会　曹　轶　龚宏斌
　　　　张俊娟　耿晓璐

生活·讀書·新知 三联书店

Copyright © 2017 by SDX Joint Publishing Company.
All Right Reserved.

本作品版权由生活·读书·新知三联书店所有。
未经许可，不得翻印。

图书在版编目（CIP）数据

枪林弹雨中成长（修订一版）：华为系列故事．/田涛．殷志峰主编．2版（修订本）．—北京：生活·读书·新知三联书店，2017.1（2025.6重印）

ISBN 978-7-108-05856-0

Ⅰ．①枪… Ⅱ．①田…②殷… Ⅲ．①通信－邮电企业－企业管理－经验－深圳 Ⅳ．①F632.765.3

中国版本图书馆 CIP 数据核字（2016）第 279401 号

策　　划	知行文化
责任编辑	竹天润
装帧设计	陶建胜
责任印制	卢　岳

出版发行　生活·讀書·新知 三联书店
　　　　　（北京市东城区美术馆东街 22 号）

网　　址	www.sdxjpc.com
邮　　编	100010
经　　销	新华书店
印　　刷	河北鑫玉鸿程印刷有限公司
版　　次	2016 年 6 月北京第 1 版
	2017 年 1 月北京第 2 版
	2025 年 6 月北京第 27 次印刷
开　　本	635 毫米 × 965 毫米 1/16 印张 14.5
字　　数	180 千字 /74 幅图
印　　数	628,001－634,000 册
定　　价	46.00 元

（印装查询：010-64002715；邮购查询：010-84010542）

蓬生麻中　不扶而直　——「荀子·劝学」

人生攒满了回忆就是幸福 ——任正非

目　录

001 / **英雄儿女们创造了华为**（修订 1 版序）
　　　田　涛

001 / **出拳**
　　　作者：范思勇

　　　第一站：布隆迪　001

　　　第二站：乌干达　005

　　　第三站：埃塞俄比亚　010

　　　第四站：肯尼亚　012

　　　结语　013

016 / **我是 90 后，闯荡在西非**
　　　作者：甘颖昆

　　　喀麦隆的"新手试炼"　016

　　　中非的"光杆司令"　019

　　　"今年的维保没有白买"　021

　　　为了客户坚守，不孤单　023

我是"阿甘",生活便是巧克力　026

028 / **塔尖人生**
作者:曾　波

一不小心上了"贼船"　028
80米高空随风摇摆　030
"风雨中那点痛算什么"　032
和马蜂斗智斗勇　036

041 / **被打劫记**
作者:Lily Zhong

劫匪夸我趴得好　041
惊心动魄中乐起来　042
这个事情很严肃很危险　043
虽然厌了,但安全重要　043
劫后余生　044
被打劫后二三事　045

048 / **"蚊子龙卷风"**
作者:徐海明

华为马拉维"二宝"　048
改变人生轨迹的"军令状"　051

056 / **"蚊子龙卷风"也吹不散的爱情**
作者:丁　汀

060 / **牵手**
作者:Austin You

热情的"牵手",让我留下来　060

总统就坐在我邻桌　062

背枪的施工队　063

067 / "英伦之恋"

作者：张建岗

要想追美女，先得搭上话　067

恋爱谈起来，规矩建起来　070

人穷志不短，力克"高富帅"　072

"备胎"变主力，抱得美人归　076

080 / 冲击"波"

作者：张继超

抄近道，还是稳扎稳打？　080

首次和顶级运营商"过招"　083

"天府之国"大会战　084

最"挑剔"的客户爱上了我们　085

引进微波领域的"明白人"　086

千锤百炼的微波室外单元　088

跳动着的"华为芯"　089

092 / 数据浪潮上的 IP 雄鹰

作者：盖　刚

"中国芯"点燃"冬天里的一把火"　092

挺进集群路由器三家俱乐部　096

千锤百炼的 IP 软件操作系统　099

厚积薄发，核心路由器 400G 激情超越　100

致青春：执著与梦想　103

106 / 北极圈边的坚守
作者：舒建珍

缘起：踏上冰岛　106

与客户携手共进　108

欧洲的"艰苦国家"　110

执着的坚守　111

相隔万里，收获爱情　112

再次缘聚冰岛　112

116 / 心跳墨脱
作者：王文征

神秘的高原孤岛　116

第一天：启程　118

第二天：翻越多雄拉山　119

第三天：被蚂蟥赶着走　122

第四天：穿越原始森林　124

第五天：终于到了　125

墨脱开局　127

走出自己的路　129

132 / 非洲大陆上的"南泥湾"
作者：宋　聿

天天"农家乐"　132

每个人都要跳水　134

家照顾不好就散了　136

领了任务就得咬牙干，老打折也不行　137

客户奇怪为什么华为的人来送豆腐　137

几个大男人抱头痛哭 138

有些机会只有在非洲才能出现 140

144 / 战火中的"豆腐西施"

有啥事,"找小王" 144

"节能专家"、"豆腐西施"和"刷脸通关" 146

服务好大家,就像做豆腐、做小菜 149

感恩,付出本身就是收获 150

153 / 乌云背后的幸福线

作者:龙 峰

初到塞拉利昂 153

必然的选择 156

两张机票 157

我们为什么坚守 159

乌云背后的幸福 160

162 / 鲜花战场

作者:Rina

"淑女"的成长 162

飞舞的面条 165

吃吐了的米其林 168

美丽是一种要求 170

174 / 我在震中

作者:松本安文

和客户一起,拼命把事干成 174

撤,还是不撤? 176

"你去一定能把通信恢复" 178

"荒漠"中的希望 180

185 / 穿越无人区之后
作者：胡知超

穿越无人区 185

在伊拉克学会"带兵打仗" 187

我选择了巴基斯坦 189

十三年的失和得 190

194 / 懵懂女行政科长海外历险记
作者：唐晓艺

犯"二"生成的行政指南 194

不妥协的"霸道总裁" 197

被 250 斤重的房东碾压 198

"这丫头是不是有病啊" 199

战争年代的和平庆功会 201

华为人的脑子太好使了 203

连带责任被罚一万 204

后记 205

207 / 延展生命的厚度
作者：周 宇

初入尼日利亚 207

巴基斯坦峥嵘岁月 211

重回尼日利亚 216

英雄儿女们创造了华为

（修订 1 版序）

田　涛

（一）

"任何一项事业的背后，必然存在着一种无形的精神力量"（马克斯·韦伯），华为的 29 年正是对这一哲言的经典诠释。任何一种成功，都有它合理的故事。

一家创立时"四大皆空"（无资本、无技术、无人才、无管理）的民营公司，以近三十年的艰苦卓绝，缔造了一个中国企业的世界奇迹：全球通信行业的领导者。其背后的巨大驱动力就是精神的力量，价值观的力量。精神可以变物质，物质也可以促进精神。正是正确和清晰的价值观，和对价值观的长期坚守，才使得 17 万普通的华为人成为 17 万华为英雄。

尽管他们年龄不同，出身不同，教育背景不同，个性不同，乃至于国别不同……但他们却拥有相似的文化文身：追求美好生活的使命精神，集体主义至上的个人英雄气质。

"六亿神州尽舜尧"。华为的英雄是多种多样的。在疟疾肆虐的非洲，在战火纷飞的中东，在地震、海啸的日本，在冰天雪地的北极……市场一线（含服务团队等）的英雄们用青春、汗水、热血，坚实浇注了全球170个国家和地区的市场版图；八万多研发英雄们，二十多年以钉子般的孤独与坚定，持续聚焦，厚积薄发，将个体与群体的创造力、合作意识、奉献精神发挥到了极致，从而构筑了华为在技术和产品上的强大竞争力和"无人区"地位；财务、供应链、后勤、行政等支撑体系的华为人，他们也当然是英雄，不过是战斗的场景、方式不同罢了，"打仗打的是粮草"，这样的军事真谛在华为的后方保障系统也同样得到展现。

个人英雄与群体英雄是辩证的统一体。唯有个体的激情、勇敢、冲锋陷阵才构成了组织的强大、群体的强大；而一个团结向上、高凝聚力、具充沛活力的组织则是个体"力量的腰带"；个体与群体的信念、信心的互相助长，是任何一个卓越组织、伟大组织的必然律：孤胆英雄难成大气象；压抑或埋没个人英雄，同样也难成大功业，难有大历史的威武雄壮。

华为近三十年的英雄剧场，上演的正是这样一种个人英雄与群体英雄的交响曲、协奏曲。

（二）

什么是华为定义上的英雄？聚焦客户、紧盯目标奋斗的贡献者。没有方向与实力的奋斗毫无价值。

华为一以贯之的理念是：以客户为中心。正如任正非所一再强调的：客户是华为的魂，客户在，华为的魂就在，谁来领导都一样……这也就从根本上划定了华为英雄文化的路标与导向——组织中的任何部门、任何人只能围绕客户这唯一方向、唯一目标去奋发努力，这样的部门、个人才是华为所倡导和推崇的英雄群体和个人英雄。世界上万事万物都在变化，而且越变越快，唯一不变的是以客户为中心。

华为的英雄是商业英雄，而非其他。这也就是说，华为对英雄是有边界约定的，文化上的纯粹性、简单性、一元性构成了华为29年的成长逻辑。在这个日益复杂和变幻无常的时代，华为之所以能够在纷至沓来的内外危机中不被打败，相反日益强大，其根本原因之一，就是华为的领导层和各级管理者耐住了寂寞，守住了本分，把握住了角色的单一性。

遵纪守法，以法律遵从的确定性，应对国际政治的不确定性，这是华为一贯奉行的全球化准则。

（三）

英雄不问出处。目标导向、责任导向、结果导向，构成了华为英雄评价的闭环体系。

以奋斗者为本。共同分享成就，共同分担责任，这是一个合情合理的逻辑，是成功和伟大组织的命定法则，华为正是依此法则打赢了一场商业史上罕见的29年非对称战争，这是华为艰难但自豪的"三十年河东"，未来的"三十年河西"能否持续卓越和创造奇迹，很难说。两千年前大秦帝国的兴亡史就是一面最好、最冰冷的镜子。

自古英雄出少年。29年来，一茬一茬的年轻人加盟华为，在华为这个英雄主义的文化熔炉中百炼成钢，为组织建功，为个人立业，也从而形成了华为良好的血液循环和组织活力。"江山代有才人出"。

时代在变，环境在变，而且变化如万花筒般炫目。但千变万化的背后，挺立的永远是"大写的人"——人是价值创造的主体。对于华为这样一个倡导英雄主义文化的组织来说，要想使英雄基因代代相传，关键在于要营造一个良好的英雄生存和成长的土壤，持续构建宽松、宽容、宽厚的组织氛围，让英雄们少一些无谓的负累，多一些激情与勇敢，多一些面向目标的主动性和创造性。

这才是真正的"基业长青"之道。

2017 年 1 月

出拳

作者：范思勇

肯尼亚、布隆迪、卢旺达、中非共和国、乌干达、埃塞俄比亚、南非……我怎么也不会想到，这些以前只在地图上见过的国家会出现在我的生命里，并且成为我人生经历中浓墨的一笔。自 2003 年，我被派往肯尼亚开拓非洲业务之后，非洲不少国家都留下了我的足迹，十几年后的今天，当我再回忆起这一段出征非洲的历史，记忆犹新。

第一站：布隆迪

第一批踏上布隆迪的华为人

2003 年的某一个星期天，肯尼亚代表处的电话突然响了起来。电话来自布隆迪的一个电信运营商 O。原来，他们需要购买通信设备，建设移动网络，于是打电话询问。我们当天正好在加班，就接到了电话，而我与布隆迪奇迹般相遇，正是这一通电话。

代表处派 28 岁的我和产品经理"郭大嘴"一起飞往布隆迪。"大嘴"姓郭，因为有略微显大的嘴，小伙伴们就叫他"郭大嘴"。那时正值五六月份，二十多度的气温正宜人，从飞机上下来的那一刹那，我抑制不住内心的激动："我们可是第一批踏上布隆迪土地的华为

人啊！"

　　落地之后，我和"郭大嘴"开始进行项目的跟踪，见客户，理解需求，介绍方案等。因为有其他项目需要，"郭大嘴"很快就被召回肯尼亚了，留下我一个人在布隆迪。布隆迪条件不好，物资匮乏，当时全国最"土豪"的超市也就不到二百平方米。语言不通，可以用英语交流的人很少，在开始的一段时间，客户很难约到。对于追随着一个电话线索而来到布隆迪的我，处处都体验着挫败感。有几次客户要求做技术交流并审核配置报价等，但地区部当时资源不够，无法派人到现场支持，我只能买了很多的预付费卡，依靠电话另一侧的"远程炮火"，边学习边交流，也就是在那一段时间我有机会熟悉并理解了"半速率"、"扩展小区"等众多的无线术语。

　　为什么不利用空闲的时间去拓展一下其他的运营商呢？或许还会撞到一些机会。抱着这样的想法，我把目光转向了当地最大的移动运营商T。可是客户在哪里呢？又有谁可以帮我介绍一下呢？布隆迪当地华人很少，相见都很亲切，很快我和几个华人朋友有了来往。有一天我抱着试试看的心理和"东方饭店"的曹老板随口提了一下，没想到曹老板说"我和T运营商的CEO很熟"，还直接跑到该CEO的办公室告诉他"我有一位中国朋友想见你"，就这样我与这位CEO成功"搭上线"。后来我和他成为很好的朋友。曹老板很热心，一次我在布隆迪的尼罗河酒店得了疟疾，病倒在酒店的床上动不了的时候，是他把我送到中国医疗队进行救治的。我至今都很感激他。

"就这样走了，你真的甘心吗？"

　　2003年的通信很不发达，尤其是在非洲的布隆迪。消息、新闻还没有像现在传播得这么快。有一次,我出差坐飞机去布隆迪,上了飞机之后发现整个飞机几乎就我一个人,内心还暗自窃喜,觉得赚了,可以享受专机待遇。等飞机降落在布隆迪的机场,机场大厅、海关等处都没有人,我觉得不对劲。等出了机场大厅,找了个人一问才知道,前一天晚上发生内战了。Ubuntu(乌班图)酒店的客人也一样全部撤离了,酒店老板诧异地问我,这个时候来布琼布拉做什么?不出意料,那晚隆隆的枪炮声又响了起来,我赶紧躲进厕所待了整整一夜,毕竟厕所里有水,空间也小,相对比较安全。

布隆迪那段时间并不太平。有一次,我在餐馆吃饭,突然街对面就有手榴弹爆炸,然后一阵白烟过来,面前的食物全都蒙上了厚厚一层灰。还记得有一天晚上我在半路上被七八个当地人打劫,也不知

布隆迪内战时炮弹击中建筑物的屋顶

道哪儿来的"洪荒之力",一个过肩摔把身后已经扑上来的劫匪摔倒在地,自己成功脱围。第二天走在同一条路上,当地居民都对我竖起大拇指叫着"Jackie Jackie",我知道他们看过中国功夫电影,知道成龙。

周边环境的危险,业务开拓的艰难,这些对于华为人来说,还是可以扛过去的,最煎熬的是孤单寂寞。布隆迪是法语国家,长达一年的时间里,能说得上中国话的场合不多。跑项目、谈业务都常常是一个人,有时我感觉自己仿佛已经与世隔绝,都不会说话了。

大年三十那天,项目进入关键阶段,我一个人在酒店等待投标结果。还记得是当地的下午,国内已经是晚上了,我打开电视看中央台国际频道的春节联欢晚会。一个个节目,也许击中了我内心深处的柔软,一瓶啤酒没有喝完,我就趴在床上号啕大哭。

"我一个人这么折腾到底是图什么?"我爬起来,立马给在国内的老婆打电话,告诉她:"我不干了,挺不下去了,我这就辞职!"没想到电话那边是老婆冷静的声音:"就这样走了,你真的甘心吗?项目拿下来了再走,我一定支持你。"面对老婆的反问,我逐渐冷静了下来。

为了让我更好地工作,老婆不久后就从国内飞到布隆迪,开始她的"随军"生涯。在她的陪伴下,我更加全心地投入到工作中。2004年,面对激烈的竞争,华为在布隆迪签下了两个项目,总金额过千万美元。

第二站:乌干达

"你们至少为我们节约了半年时间"

2004年底,我调任至乌干达担任代表,管乌干达、布隆迪、卢旺达三个国家。

那个时候的华为，在非洲还是名不见经传的公司。大部分非洲人民印象里的中国，就是旗袍、自行车和中国功夫，他们觉得中国的通信技术和设备根本不行。我们在产品宣讲会上介绍华为的智能网符合国际某某标准，常常引来下面哄堂大笑，认为中国公司怎么可能达到这样高水平，笑过之后便一哄而散，留下尴尬的我们。

九层之台，起于累土。面对一个全新、陌生的市场，只有从最基础处开始着手。我们深深地意识到认可华为首先要从了解中国开始，这样就有了北京——上海——深圳新的"丝绸之路"。经过多次邀请，终于有客户过来，至今我都还记得这其中就有一位美国客户，他去国内参观华为公司后对我们说，没有想到华为是这样的一个公司，和美国的 IT 公司没有什么区别，"将来我死了埋在那里我都愿意"。夸张的言语，引得大家哈哈大笑。

乌干达 U 客户核心网和智能网的整网搬迁项目，经过半年多的运作，我们终于拿下了。面对这来之不易的喜讯，地区部非常重视，把它列为当年的重点项目，这也是软交换在区域的首次规模商用，只许成功不能失败。搬迁的工作量巨大，难度也很大。在割接的当晚，我在机房守了一夜，但是没有想到，那天晚上割接失败了，在凌晨 5 点的时候需要全部倒回，可倒回的时候竟然又出了故障。

"客户那么信任华为，把那么重要的网络都给了我们，竟然出这么大事故！"我深深地自责。我永远也忘不了那天坐车回去的情景，当时天亮了，万物披上了朝霞的色彩，但我坐在车里，眼前看到的却是一片灰蒙蒙的世界，没有任何色彩，也听不到任何声音，两边的路人仿佛都在抱怨我们，那种感觉就跟世界末日来了一样。

客户的 CEO 也不淡定了，一遍一遍地质问着我，而更让我感到羞辱的是其他几个运营商的 CEO 一段时间内都把此事当作调侃的话柄:"谢谢华为送给我们的这份大礼!"

"莫斯科不相信眼泪!"我们必须苦练内功,确保下一次割接成功。经过多次的资源协调,经过多次预测试、预割接,终于在第三次割接的时候成功了。渐渐地,渐渐地,我们凭借着优良的技术和服务,与客户重新建立了更为稳固的关系。

2006年,运营商W的全网新牌项目,我们和友商E正面交锋。经过对当地市场的调研分析,我们认为客户建设新网最大的"痛点"将会是站点获取。尽管站点获取是运营商的工作,但如果我们往前迈一小步,说不定就有了与友商竞争的"杀手锏",也成为与客户合作的"敲门砖"。于是我们在项目拓展初期就自己开车带着勘测人员和网规人员,一个站点一个站点地跑,先后获取了上百个首都站点

乌干达办公室——就是在这个院子中实现了从几百万到近两亿美元的跨越

信息。当我们把厚厚的一摞资料放在客户 CEO 的办公桌上时，客户坚定了他们的态度。"还是华为了解当地的市场，至少为我们节约了半年时间。"客户由衷地说。我们也因此一举拿下了这个规模过亿美元的新网新牌项目。

渐渐地，华为在乌干达、布隆迪、卢旺达这三个国家建立了自己的品牌，与运营商的合作越来越多。

一张三个月后回国的单程机票

2004 年到 2007 年，华为在乌干达的业务从刚开始的几百万美元上升到后来的近两亿美元，在政府双优项目方面，也一举拿下"尼罗河"项目，开创了政府项目的运作模式，并创下了从开始拓展到启动交付六个月的历史纪录。代表处从刚开始的十几个人发展到后来的二百多人。能取得这样的业绩，是与整个团队的奋斗分不开的，这其中就有"一张机票"的故事。

那时，客户 U 有一个框架项目已经运作了一年，一直没有签约，在当年 6 月份的时候，我让秘书给负责项目的系统部部长小辜订了一张 9 月底回深圳的单程机票，放在他的桌子上。等到上班时间，小辜一脸疑惑地拿着机票来到我面前。

"这是什么意思？"

"你没看到上面日期吗？9 月 30 号！如果你在飞机起飞前没能把这个项目签下来，你就直接回国吧，不要再来见我了！"我说。

我记不清他从我面前消失时的情形了。当时代表处的压力非常大，好几个难啃的项目都拿不下来，其中就包括这个项目。小辜的个人能力我给予肯定，但还有潜力没有激发出来，我希望自己这一次"激将法"可以成功将他的潜能逼出来。接下来几个月，我在公司见到他的时间越来越少,也逐渐看到了这个项目签约的曙光。很快,时间到了9月30号,此时合同已差不多谈妥,就差几个关键客户的最后签字了。

那天我和小辜一起来到酒店,客户在这里开会。小辜抱着合同守在门口等客户签字,终于等到客户出来,没想到客户还是有些犹豫不愿意签,并且上车准备离开。这时小辜一个箭步冲到车前,张开双臂拦住,不让客户开车出去。被逼无奈的客户竟倒车"逃"走了。

回到公司之后,小辜径直抱起打印机、A4纸往车上搬,边搬边说"我要去他家里堵他"。当晚,小辜把厚厚的一摞合同狠狠地摔在我的办公桌上,眼里有着难以抑制的喜悦和激动:"这个客户经理,我没有白当!"

就这样,一张单程机票的故事便在地区部传开了。

"我刚才在你杯子里下毒了"

生意越做越大,我们也不得不应对形形色色的人。乌干达当地有一个非常强大的地方势力背景的公司,一直想和华为合作,尤其是在运营商U被利比亚的L集团收购之后。在经过一段时间的接触和摸底后,我们发现这家公司无法代表运营商客户的真实意见,勉强建立合作只能使得局面越来越复杂,并且会影响我们在客户中的形象以及声誉,便不肯合作。

一天,这家公司CEO托人带话给我,希望我过去"谈一谈",会谈的地点选在一个非常偏僻的地方。我当时心里真有点害怕,知情的同事都劝我不要去。想着躲避只能使事态变得更为复杂,我决定还是孤身一人前往。我和同事交代,我进去后,每半个小时给我打一次电话,如果电话没有人接,或者由别人接,就报警。

开场的气氛非常不友好，甚至有些恐怖。双方坐定后，我开始有策略地表明了我们的原则，开诚布公地告诉 CEO 双方无法深入合作的原因。一阵沉寂后，让我没有想到的是对方竟然听进去了。后来又经过几次洽谈，这家公司就不再逼迫华为与其合作了。

隔了一段时间，我与这位 CEO 的助理 F 在一家酒店的大堂偶遇。聊天间隙，我去了一趟洗手间，回来继续喝了一口饮料，助理一脸严肃地对我说："我刚才在你杯子里下毒了。"我愣了一下，"扑哧"一笑，随后助理也仰面大笑。

我做事习惯把复杂的事情简单化，不喜欢躲躲闪闪。我认为做生意首先要看做人，看对方的言行是否值得信任，彼此公司的利益是否相匹配等。想的、说的、做的力求一致，即使生意做不成，双方还是可以做朋友的。

第三站：埃塞俄比亚

守护"火种"，建立信心

埃塞俄比亚原本是华为的优势市场，但是 2006 年 11 月，我们丢了一个大单：友商与该国唯一的运营商 E 签署了长达五年的独家供货框架协议。2007 年，我被公司派往埃塞俄比亚做代表。

像是经历了战火的洗礼，那时候的埃塞俄比亚代表处，人员规模缩小了很多，士气也很低落，客户变得非常难约甚至根本见不到。想想友商把未来五年的机会全抢走了，大家一下子不知道信心去了哪里。但我知道，公司派我到这里来，是要我尽快扭转这个局面的。

重建信心是第一步。我跟团队讲，两个人较量，不可能一直伸直了双臂轮拳头，有时候我们得缩回拳头，是为了下一次更有力出击,现在就是我们缩回拳头的时候。

虽然说,客户与友商已经签订了合同,但我们一定有机会扳回来,只要我们与客户的距离再"近"一些,重建客户的信任,机会就一定存在。我们需要把存量的维护和服务做好,这不就是"火种"吗?我们必须把现网守护好,不能让对手再搬迁了,"我们在,阵地就在"。

另外,团队花了很多的时间重整士气,把大家拧在一起,team building(团队建设活动)也组织了很多。我庆幸当时从乌干达带了一名厨师肖师傅到埃塞俄比亚,大家为伙食的改善而欢欣鼓舞。

目标长远重建信任

缩回拳头的这段时间,大家静下心来进行复盘,仔仔细细地对过去一年的项目运作进行回顾和分析。我们虚心地拜访客户,发现我们的确和客户"疏远"了!

知道问题在哪里,我们就有了改进的方向。我们不再急功近利,期待立竿见影,而是把目标放长远,毕竟信任的重建不是一天两天的事。我们一个一个地约见客户,听取客户对华为的建议和看法,了解他们的需求,把客户的问题当成自己的问题。我们珍惜每一次与客户见面的机会,重视每一个对客户的承诺。比如说,我们承诺了下午3点电话回复客户,就绝不会有丝毫的迟延;说好了第二天9点前回复邮件,邮件就一定会在9点前发出等等。我们逐渐聚焦关键客户,一点一点地改变他们的认知,重建对华为的信任。

在埃塞俄比亚的一年,我个人也成长了很多,既学会了看事物的B面,也学会了从B面看自己。

第四站：肯尼亚

撤出中心机房

2008 年，我开始负责地区部的销售，2009 年负责地区部的全面工作。这段时间在大 T 格局获得提升的同时，还完成了几个"老大难问题"的收尾。这其中从 E 集团在坦桑尼亚的子网 Z 的中心机房撤出，恐怕是那段时期最大胆的举动了。

这个合同是从 LOI（意向书）起计算工期，华为投入了几千万美元的设备和交付，并提供中心机房的代维；紧接着，客户覆盖全国的无线网络商用，并成功发展了多达百万的用户。可是客户和华为的商务合同却一直没有签订，更不用说回款了。在我介入之前，代表处已经和客户谈判了一年多，双方的谈判人员都已经换了几拨。

我们明确了总部和子网一起发力的谈判策略。为了获得 E 总部高层的支持，我那段时间密集地往返于中东和坦桑尼亚之间，和集团 CFO 达成了很多共识。同时，子网方面的谈判也算顺利。双方终于在 2008 年 9 月底把所有条款通过书面确定下来并准备签约了。但是三天假期过后，客户突然推翻了几天前确认好的条款，要求重新谈判，历史再次回到了起点。

大家都很沮丧。我们一次次谈判，耗费了大量的时间和精力，甚至有同事在谈判现场心脏病发，被专机送往南非做搭桥手术。而该客户习惯性我行我素，不尊重我们的付出，背弃基本的商业规则和诚信。

一味让和迁就，不是解决问题的好方法。在 N 多通电话沟通后，我们给了客户书面通知并坚持让所有的代维人员撤出了客户的中心机房。这次我们没有妥协，当然，我也做好了承担一切后果的准备。

客户以为我们也就是吓唬他们而已,刚开始并没有什么反应,直到第二天晚上,发现华为的代维人员还没回到中心机房,终于坐不住了,先是从集团层面找到我们,随后承认自己的行为是不合适的,表达了重回谈判桌的意愿。经过这次史无前例的中心机房撤出事件,最终我们"顺利"地签订了合同,双方的合作也磨合到了更为健康、稳固的平衡点。

正是由于这些项目的磨炼,2009年我们在东非建立并试行了公司的"综合授信"体系。

结语

2011年我接受公司的安排调入企业BG,开始了全新的更具艰难的征程。回想起来,从新市场拓展,到埃塞俄比亚"救火",再到全新的业务等,尽管面对很多的不确定性,但我很享受这种未知带给我的激动。有人说,这是一种自虐,但我把它看成是一种成长。

(文字编辑:龚宏斌 霍 瑶)

部分网友回复——

我的精灵:
牛,这经历可以给孩子吹一辈子了。

talk:
2004年的华为还真就是做事这么艰难。那时候的华为去和爱立信、诺基亚这些大厂去竞争,就如同今天你设计一款操作系统去和微软竞争一样。

2012真的来了:
不断开拓新业务,不断挑战自己,让自己的人生充满了回忆。

私人睡眠:
看了好感动啊。华为不只有胶片文化,更多的是有无数员工前赴后继冲锋陷阵的奋斗文化,它深入华为人的骨髓,代代相传。

人月神话:
拓荒期的燃情岁月,给人震撼和感动。正是因为大量前辈们在战乱、疟疾肆虐的不发达地区浴血奋战,我们整个公司才有这些年的发展。

四十仍有惑:
一个个精彩故事的背后,是更深层次对责任、目标以及永不放弃的认识和理解!

爱如此难舍:
每一个华为海外拓荒人,不可能没有彪悍的人生经历!这是和平时代开疆拓土的将军。

b00367332：

出拳！——看到了一个真汉子的海外奋斗史，很受鼓舞，这才是人生该有的样子！！！

旷野的呼声：

一个人背井离乡，面对陌生的国度、陌生的人群，有如此强大的内心，真心点赞。另，也给你的另一半点赞，难得。

Ado：

枪林弹雨中成长，生命才有无限的丰富与精彩！
其实每一位主动加入华为的同事，在此之前在周围人中都算是佼佼者，都可以选择继续在当前环境下鹤立鸡群地安逸下去！
那么选择了华为，就选择了在挑战与冲锋中充实自己的生命与生活！
点亮自己的生命，照亮大家的前程！

w00245897：

非洲市场的第一代拓荒者，故事感人！
在非洲这些年，经历着公司越来越强大，平台和福利越来越完善，这些发生身边的过往故事仍然能激励着一代代非洲华为人。

我是90后，闯荡在西非

作者：甘颖昆

我虽然是90后，但是长得有点成熟，人家都说我傻傻的，喊我"阿甘"。2012年6月，刚毕业的我来到华为，五个月后，就懵懵懂懂地搭上飞行时间长达二十多个小时的航班，前往喀麦隆代表处，成了一名法语客户经理。同学说："你傻啊，西非那么艰苦，你干吗要去？"但我觉得，能选择生命中最好的青春时光在西非奋斗，是我最为明智的决定。

喀麦隆的"新手试炼"

雅温得的天气热得人喘不过气来，但时光总在忙碌中悄悄溜走。在喀麦隆三个月后，我慢慢适应了这里的工作和生活，此时接到了到代表处后的第一个重要任务——与客户在Kribi（克里比）组织一个研讨会。这是代表处第一次组织这样大型的客户界面的活动，客户参与人数有几十人。大概是领导看到了我在平时工作中的积极性，就把前期的主要组织工作交给了我。在异国他乡，第一次面对这么多客户，统筹各种资源，我顿时觉得"压力山大"。

Kribi（克里比）是一个海边小城市，海滩风景怡人，深受当地

客户喜爱，是举行研讨会的绝佳去处，但位置相对偏远。为了确保不出差错，我提前三周，独自一人前去踩点。这次研讨会参与者众多，考察后，我发现当地很多酒店都无法一次性容纳那么多人，于是就一家一家走访，终于找到了整个沿海附近最大的酒店。但预算有限，又好一番价格谈判，才订了下来。也幸好，有了提前逐个房间的排查，事先解决了蚊虫过多、空调损坏的问题，这才满足了场地要求。

场地有了，可另一个大问题来了，在喀麦隆，不能使用信用卡，房租、食材、供应商……各个环节，都需要现金付款。

那一段时间，我的手提包里放了几百万西非法郎的"巨款"（相当于几万人民币），天天提在手里，准备随时付款。当地社会环境不安全，每次别人盯着我的包看，我都一阵紧张，生怕是要打劫，所以愈发谨慎，时刻包不离身，即使吃饭时也紧紧攥着，几天下来，包带都磨掉了一层皮。客户看到我这个包，调侃说："你比保险柜还要保险。"由于听到过各种入室抢劫的版本，不免有些害怕，晚上睡觉的时候，不知道钱该放哪里，我最后甚至想到，把钱分开藏到了床底下，门锁、窗户反复确认后才敢安心睡下。

研讨会当天还有晚宴和表演，从客户邀请、大巴租赁到酒店房间布置，从食品酒水采购到音响舞蹈协调等等，每个细节我都要跟踪协调。当地没有大型超市，我甚至驱车从280公里以外的首都运了一车的酒水饮料到 Kribi（克里比）。

由于前期各种事项只有我一个人张罗，事情又烦琐，好几个晚上，我回到宿舍，便一头倒在床上，感觉筋疲力尽，似乎一闭眼就能睡着，但一想到那些还没有完成的事情，又焦虑得快要崩溃，经常失眠：场地的座位安排是否合适？客户邀请有没有遗漏？餐饮酒水是不是充足？脑袋里循环的都是这些问题。为了避免出现差错，我每天拿着自己的列表核对，每完成一项，就用笔划掉一项，我鼓励自己：这是"新手村"的第一次试炼，至少要让自己问心无愧。

就这样在忙碌和焦虑中，时间到了研讨会当天。愉快的氛围中，我们给客户传递了最新的解决方案，讲解了新方案能够给客户带来的实际收益，并为当时代表处的山头项目——某国NBN（国家宽带）项目交付做好了客户关系铺垫，这也成为项目全面启动交付的一个开幕式。作为一个新员工，能在其中尽一份力，我很荣幸，更深深地感到，所有的磨砺和锻炼都是值得的。

中非的"光杆司令"

研讨会结束后不久，我突然接到代表处领导吴以平的电话，他沉声说："要做好心理准备。"我心里咯噔一下，做好什么心理准备？

"要把你派到中非办事处。你要做好心理准备，一个人带着那边的几个本地员工去'打天下'。"

我第一反应是：那我岂不成为那边的"老大"？

在入职华为10个月以后，去管理一个国家办事处，我有些担心自己不能胜任，但领导的鼓励，给了我很大的信心。当时，中非共和国正处在战乱时期，也许是初生牛犊不怕虎，我不觉得害怕，更多的反而是好奇。2013年4月底，我怀着忐忑和一鼓干劲来到了中非。

中非国家虽小，相对大国来说，业务量不多，但工作却一点也不轻松。我刚去的时候，中非的中方员工，加上我一共四个人，本地员工也只有四个。但不久后，其他三名中方员工都因工作调动离开中非，我成了中非办事处的"光杆司令"。

办事处人少，我就得什么都干一点。这边有四个运营商，还有政府客户、经商处、使馆、税务局等等，麻雀虽小，五脏俱全，都要打交道。我作为客户经理，除了做好本职业务，有时还要承担一部分产品经理的工作，帮客户梳理、传递解决方案；交付上，还要经常协调本地员工；其他杂七杂八的事情，也都得留心应对。长期一个人做好多人的事，慢慢对办事处运作也有了一些全局观念。

第一次见客户的时候，是办事处的同事带着我一起去的。当时我战战兢兢，在一旁留心倾听，不知道和客户说什么。同事调离后，我就成了华为在中非的"代表"，必须孤军奋战。每次见客户前，我都把要讲的每一条写在本子上，提前预演一番，面对客户的时候，就能胸有成竹，游刃有余。客户感受到了我诚恳认真的态度，慢慢和我成了朋友，每逢节日，还会给我发卡片。

而客户对我们的信任，还是要靠业务中的点滴来支撑。

当时，中非有两个主要客户群，O 客户和 T 客户，其中 T 客户对业务的要求非常严苛。由于 T 客户前期的 3G 网络规划没有让我们参与其中，再加上社会局势动荡，我刚到中非不久，3G 项目交付出现了网络质量不稳定的问题。当时，仅凭办事处本地员工的技术力量，难以处理这么复杂的现网问题。网络质量得不到改善，客户每次见到我，都要问："Pascal，什么时候能解决 3G 网络问题？"有时见 CTO 时，我几乎被骂出门来。客户着急，我更着急，我对客户说："网络是我们共同的生命，请相信我们，再给我一些时间。"

当时问题的关键，是缺乏网优专家，如果我能胜任，我真想自己冲上去。由于工作刚交接，很多现网的问题我都不是很熟悉，我和高层技术客户沟通了现网情况，做到心中有数后，紧急向代表处领导汇报了当前问题，申请增派网优人员。当时中非政局不稳，很多同事对于来中非都有些顾虑，加上那时客户的部分回款没有到位，

穿着防弹背心去见客户

申请资源很不容易。我先和客户沟通了我们目前的困难,推动了部分回款的清理,又跟代表处反复沟通,鼓励大家来中非,加上交付副代表的支持,终于及时协调来了网优专家。网络问题解决了,我们又获得了客户的重新认可,再次见到客户时,听到的是:"Pascal,你们真有一手。"

我趁这个机会,跟客户网络主管提起了 2013 年的维保项目:"只有华为会一直坚守下去,现场解决问题。选我们,没错的。"我们以往的优良服务,让客户知道,华为是值得信赖的,这个来之不易的维保合同,也终于签了下来。

"今年的维保没有白买"

拿到维保合同,不代表我们成功,只有实实在在的行动,才能让客户满意。

2013 年 9 月,是个"多事之秋"。某天,早上 6 点钟,还在睡梦中的我,突然接到本地员工的电话:"客户的机房着火了,火情很严重。"我一下子从床上坐起来,瞬间清醒了。

机房着火,就好像网络的心脏停止跳动一样,不及时抢修,整个网络都可能瘫痪。中非大部分政府官员的号码都是这个运营商的,正值局势不稳定,如果通信不畅,可能导致更严重的社会治安甚至政治问题。我顾不上洗脸,先给本地工程师一个一个打电话,又紧急联系了代表处,召集网络保障资源远程支持。安排妥当,趁着宵禁刚刚解除,天还没亮,我们便驱车向客户机房驶去。

到了机房,虽然火势已基本被扑灭,但现场仍是残烟阵阵,火星四散,刺鼻的气味让人忍不住咳嗽起来,里面的设备一片混乱。这样的火灾现场,多少有点让人头皮发麻,但我更焦急的是,客户的网络到底怎么样了?

客户看到我们时一脸惊讶,因为火情突然,他们都忙着灭火,并没有通知我们。"我们来帮忙抢修,先看看设备、线路怎么样了。"顶着高温和灰尘,我们穿着白色防电服,穿梭在机房中,检查各个设备的硬件是否烧毁。机房热得令人窒息,由于照明和烟雾系统无法正常运行,给检查工作带来了很多不便。机房大部分设备都是华为的,我们用了好几个小时仔细排查,才确认硬件表面都完好。等到温度降低,机房恢复通电后,我们又开始与GTAC(全球技术服务中心)一起分析,确认硬件是否能够正常运行。一边检修,我一边不停地跟客户反馈进展,时间不知不觉

火灾后凌乱的客户机房电源室

就到了晚上 9 点多。当我们的设备通电后,除了网管系统有硬盘损坏,所有的网元都运行正常,华为的设备经受住了火灾的考验。

经过一天的抢修,我们帮助客户在最短时间内恢复了通信,减少了损失。我和客户网络主管都一天没吃东西,从机房出来的时候,我们两个灰头土脸的人相视一笑,我给他递上水和面包:"今年的维保没有白买。"他点了点头,认可了我们,从此以后对我们的态度也温和了很多。

为了客户坚守,不孤单

直面业务,需要不懈努力;直面艰苦的环境,也需要很大的勇气。代表处为了保障我们的人身安全,把办事处的办公室和宿舍,选在了市中心最安全的一栋楼里,但是中非的局势一直很紧张,经常发生枪战。有一次,子弹甚至打穿了办公室的墙。我从没有见过这样的阵势,来中非之前,还觉得很刺激,可见了真枪实弹的战争,谁都会觉得害怕。因为担心子弹打进宿舍,我晚上睡觉的时候,就把床垫铺在地板上,睡得低一些。每晚躺在床垫上,听着外面鞭炮一样的枪声,慢慢地,我反而把它当成一种特别的节奏,漆黑中,望着窗外的火光,数着枪声入睡。

我虽然是个 90 后,有时反而充当了"大家长"的角色。作为办事处唯一的常驻中方员工,很多时候,我需要比别人更坚强一些,如果我面对困难也退缩的话,人心就散了。

2015 年 9 月底,某代维项目在中非举行开工会,当时正赶上总统选举,游行进行了好几天。好几个出差过来的印度员工,第一次经历这样的情况,偶尔听到的不知从哪里传来的枪声,更是惊惶不安。他们顾虑很多,萌生退意,但这个项目,对客户来说非常重要,此时只能进,不能退。我每天打电话安抚他们说:"不要担心,公司会保障大家的安全的,为了项目,大家再坚持一下,生活上缺什么我都可以想办法。"我每天正常上班,处理业务,还托人给他们送去物资。他们见我这个小年轻都能泰然自若,渐渐安下心来,留下和我们一起保证了项目的顺利进行,兑现了当初投标时对客户的承诺。其实,我又何尝不害怕、担心,但是为了和大家一起渡过难关,做好项目,我们都得挺住。这些经历也让我变得更加坚强。

办事处没有厨师,也没有煤气。我刚过来的时候,看到大家围着一个脏兮兮的电饭煲吃饭,实在看不下去,就下厨给他们煮面吃。往后,我又充当起了厨师的角色。其他中方员工走了之后,我这个厨师,就只好自己给自己做饭。我厨艺不精,再加上在这边吃肉不放心,就三个素菜轮换着吃了三年,他们都说我变成了素食主义者。平时业务太忙,经常是一边切菜一边接客户电话,但工作中的忙忙

某代维项目正式接网,与客户庆祝(左一为甘颖昆)

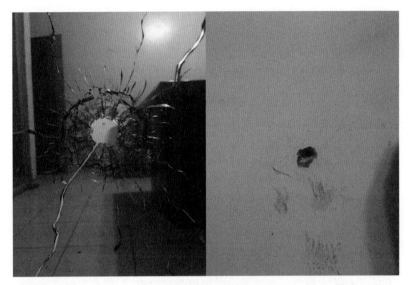

子弹打穿了玻璃和墙

碌碌,与客户相处的点点滴滴,都成为我生活的一部分,陪伴着我,让我不再孤单。

　　很多人问我,一个人在这里坚守的意义在哪里?这个问题,在来中非的第二年,我找到了答案。当时,客户 CEO 即将升职调离,在离别宴上,我作为唯一的供应商代表应邀出席。客户回顾过去三年任期时,80% 的篇幅是在讲述与华为合作建设的 3G 网络。这些网络,使得中非 55% 的人口可以用上移动 3G,大大提升了通话和网络质量。这一举措,也让客户抓住了在中非维和的一大批高端价值用户,实现了中非 3G 市场零的突破,扭亏为盈,改善了子网的经营状况。这也许就是我坚守的意义。

我是"阿甘",生活便是巧克力

　　2015年春节回家时,在一次同学聚会上,我认识了现在的爱人。刚见面时,我跟她讲了我在中非经历的故事,本以为她会觉得枯燥,没想到她却听得津津有味。她非常优秀,我一开始以为,自己不是她喜欢的类型,没想到,我们最终顺利地走在了一起。有一次,我开玩笑地问她,看上我身上的哪一点,她笑了笑说:"你在中非工作的经历,让我看到了,你工作生活中积极乐观的态度和责任感,这份勇气和乐观,已足以吸引我。"

　　回中非后,我们平时只能视频沟通,按照前驻中非大使夫人的话说:"有了女朋友,却连给个吻的机会都没有。"但是这份彼此欣赏超越了时差和距离,不到一年的时间,我们就正式"签署合同",领取了结婚证。

　　只要努力,幸运就会降临。能够来到西非,经历工作和生活上的磨砺和成长,何尝不是一种幸运。我是"阿甘",生活便是巧克力。漫漫路上,虽然无法预知下一颗糖果是何滋味,但是,靠着艰苦奋斗的心态和"傻傻"坚持,我总能感受到人生的"甘甜"。

(文字编辑:王　鹏)

心声社区 部分网友回复——

神调瞎语：
蓬生麻中，不扶自直。谁说90后不是一代将星在闪耀？！

河蟹E家：
向90后的小兄弟致敬，责任、担当在你的身上体现得淋漓尽致。

12345szw：
90后的年纪，已达80后的Level，向着70后的高度。
正青春，乐奋斗。阿甘，好样的！

Pupustar：
很多时候，我们在工作、生活中都需要这样一种坚守精神，再坚持一下下，再努力一下下，可能拨得云开见月明。
而很多时候，我们中的很多人，就失败在了最后那一点坚守上。

100339281：
阿甘身上充满阳光，充满正能量。听同事们讲，阿甘以前是个比较腼腆的大男孩，经过两年的锻炼，已经成长为我们代表处最年轻的主管。不一样的选择，就会有不一样的人生！

五季如春：
华为就需要更多这样的阿甘，不管是几0后。

塔尖人生

作者：曾 波

2012年1月18日，怀揣着对外面世界的向往，我开启了海外模式。

这是我第一次走出国门，既兴奋又有些许担忧。兴奋的是我踏上了一个新的平台，可以有更广阔的视野；担忧的是，语言障碍、民族文化、水土不服等问题，自己有没有能力在海外活下来？

一不小心上了"贼船"

印度尼西亚，我海外的第一站。这是一个海岛国家，有着绵长的海岸线、星罗棋布的岛屿和迷人的自然风光。刚踏上这片土地的那一刻，兴奋掩盖了我心中的忧虑。

到达第二天，我就投入到了紧张的工作中，主要任务是给分包商赋能，提升他们的硬装技能。此时全TK MEGA项目交付在即，交付项目组向我们求助，希望协助他们完成扫频任务。

开始时我对扫频工作的认识并不深刻，听同事说只是在塔下通过仪器简单收集一下链路数据，于是接到求助后我就爽快地答应了。

然而，接触到项目后，我才知道它远没有那么简单。

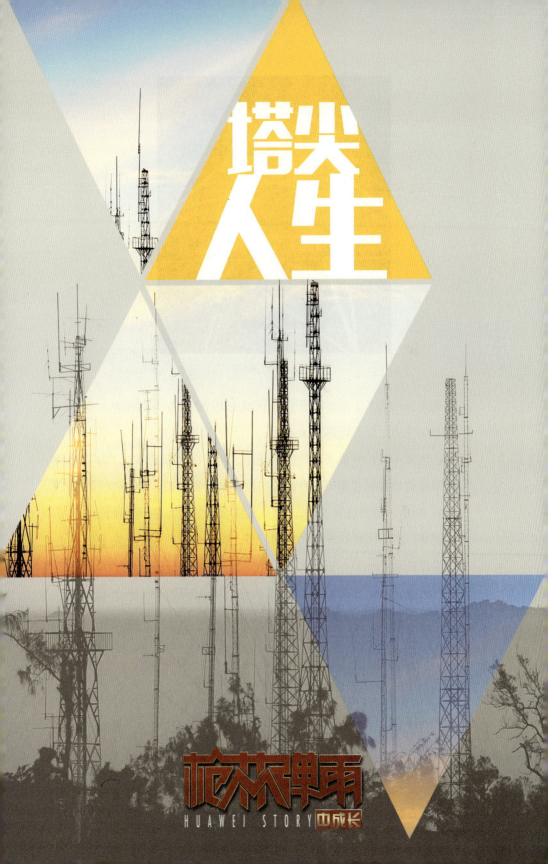

高耸入云的四角铁塔

首先,扫频工作覆盖印尼 13 个区域上万个岛屿,东西横跨 3 个时区 3500 公里,南北跨越 1500 公里,项目急、需求紧、站点多。其次,最大的困难不是扫频设备和软件的使用,而是在实际工作中,为了保证最有效的数据收集,必须把扫频设备架设到塔顶。站点的铁塔高的有 80 米,矮的也有 50 米,单是从那么高的地方往下看就已经让人胆寒,更不用说扛着几十斤的设备,拖着长长的线缆上去干活了,这真是用"绳命"在战斗。

自己接的活,含着泪也要干完。一辆车、三箱设备、一个本地塔工和一个司机,我的扫频之旅就这样开始了。

80米高空随风摇摆

我扫频的第一站位于印度尼西亚中爪哇三宝垄的郊区,司机开车带着我和塔工，一行三人驱车几百公里，还没到站点就看到前方高耸入云的铁塔。车停在站点门口，我们下了车，只见铁塔被铁丝网护栏包围着，护栏外杂草丛生。

我们把工具和装备从车上卸下来搬到塔下，司机靠在车上抽起了烟。站点塔高 80 米，我站在塔下抬头仰望，铁塔从地面一直延伸到半空中，让人望而生畏。我虽然在国内考取了登高证，但那个考试只是在两米高的架子上搭建脚手架，第一次要爬这么高的塔真让人恐惧。我操着一口不太纯正的英语，连说带比画和塔工沟通了好一会儿，告诉他怎么爬，他点点头似乎明白了。

戴上安全帽，系好安全带，一切准备工作就绪，我把心一横，背上测试仪器、低噪放和笔记本电脑开始攀爬。爬升了 20 米左右，我的手臂开始酸疼，于是停下来休息。这时塔工也拖着电源线缓缓上来，看到他快接近时，我又继续向上爬，给他腾出空间。我和塔工就这样交错攀升。说实话，自己从小到大都没有爬过这么高，更不用说还背着重重的装备，每上一步，我都能感受到脚下的震动，明显感觉到自己的心跳。又爬了一会儿，我已经气喘吁吁了，往下一看，自己孤零零悬在半空，塔下的汽车小得像玩具，腿肚子不自觉地开始打颤。我定了定神，不再往下看，只一门心思往上爬。

海拔逐渐升高，迎面吹来的风也越来越大，我越发感觉铁塔在左右摇摆。开始以为是自己的身子在抖，又怀疑是由于害怕而产生的错觉，但慢慢发现不对，因为整个身体都在晃。我突然想起之前同事提到过，在塔顶可以感觉到塔的晃动。我当时以为他在开玩笑，全金属打造的坚固高塔怎么会晃呢？直到置身其中，我才意识到真像他说的一样，这种摇摆让人感到眩晕，感觉有点像站在大桥中央时桥的抖动。我开始害怕，担心高塔会不会突然折断，但已经接近

几十米高空作业

塔顶,只能继续向上爬,于是安慰自己:不晃动的塔是不安全的。

阿Q式地自我安慰竟然有效,我没那么害怕了,奋力迈上最后一个阶梯抵达塔顶。这时我已基本克服了晃动所带来的不适,略微放松一下因爬塔而酸疼的手臂,开始思考三脚架和设备该如何摆放,怎么把这些东西牢固地立在塔顶而不跌落,如何在狭窄的空间里连接设备,且顺利把设备旋转一周无遮挡,最后还要考虑我的容身之处。

就这样,我带着些许恐惧、疲惫和兴奋,颤颤巍巍地在塔尖上收集着数据。单角度、全方位、垂直极化、水平极化、角度照片……每一个环节都不能遗漏,终于完成了第一个扫频任务。

"风雨中那点痛算什么"

第一个站点只是开始。印度尼西亚的站点分布广,站与站之间的跨度也很大，近的几个小时车程，远的可能要坐上一天车才能到。我们沿着链路覆盖的顺序一个站一个站走，扫完一个就去下一个，不会在一个地方逗留太久，也不会在一个旅店重复落脚。在乡下，在山村，走到哪里就吃到哪里、睡在哪里。

因为初到海外水土不服，在开始的一段日子，我连续吃了一个多月的蛋炒饭。有时候住宿都成问题，站点太偏僻实在找不到旅店时，我们就只能去附近大的城镇找。

每天一大早7点左右，我和塔工出发赶往站点。沿路买点饮料、饼干和面包，去站点的路上完成当天站点的编程，然后根据链路图纸的标示确定站点的大致位置。塔工对运营商的各种塔都很了解，有时他也会提出工作强度太大，动作慢点，但看到我的坚持，他也咬牙挺着。

在塔顶扫频的操作简单枯燥，扫描一个方向一般要30-40分钟，如果要扫全方位，那就要连续不间断工作四个多小时，而且扫频中必须死死盯着仪器上的显示屏，无论头顶是烈日炙烤，还是狂风肆虐都不能懈怠。更让人崩溃的是，因为接收的数据经常会超出设计值，导致设备报错并停止工作，这时就要重新调高设计值以满足设备接收要求，然后重新进行扫描。

在项目前期，每次攀爬前我都要做很长时间的思想斗争，爬还是不爬？这一刻最考验人的意志。在纠结中完成设备校验和安全准备，最后也总是在自我鼓励和安慰中完成任务。为了给自己打气，我设了一个座右铭：见塔必爬，爬必登顶。当然每次攀爬我都会格外小心，手死死抓着扶梯，一只脚确定踩实了另一只脚才敢迈步，不敢有丝毫懈怠。

晴天时，烈日暴晒下的铁塔扶梯温度高达摄氏70度，特别烫手，攀爬时即使戴着手套也能感觉到手掌被烤得炙热。相比烈日，我宁愿下雨，雨后空气清新凉爽，但雨后塔上的扶梯又非常湿滑，很不利于攀爬。所以我心里也很纠结，既想下雨又怕下雨，鱼和熊掌不可兼得！

印度尼西亚的雨季暴雨很多，一般来得快去得也快。发现有暴雨的征兆，我们就要立刻从塔上下撤，倒不是怕人被浇，主要是扫频设备不能淋

塔尖扫频

雨。有时大雨伴随着电闪雷鸣，那就更危险了。还好塔工经验丰富，很了解本地的天气，让我躲过了不少雨。不过有次真是特别惊险，让我到现在想起来都有些后怕。

那次我们正在塔顶接收数据，远处的天空突然阴云密布，塔工一看不好，急忙喊我下撤。我马上动手拆卸设备，结果忙中出错，一台设备差点从塔顶掉下去，还好我奋力抓住，吓出了一身冷汗。惊魂未定中，豆大的雨点已经砸在了脸上。我狼狈地下了塔，先把设备塞进车里，然后人才钻进去。此时头发衣服全都湿了，也不知道是汗水还是雨水。我试了下，还好设备无大碍。坐在车里，外面疾风呼啸，暴雨噼里啪啦砸在车顶，面对大自然，我突然感觉自己是那么渺小。

良久，雨势变小了，此时天色已不早，如不抓紧可能今天的任务要完不成。我们赶紧从车里钻出来，把身上的衣服脱下来拧了拧

夜幕下的小镇

又穿回去，不顾扶梯的湿滑再次攀爬。这时，雨虽然停了，但是风还不小，衣服被风吹得冰凉，身子时不时打个寒颤，塔身也晃动得更加厉害，远处还有雷声。那一刻我想，如果突然有道闪电不偏不倚地打在高塔上，我会不会瞬间被电成肉串？这样恐怖的念头我不敢多想，强迫自己收回纷杂的思绪，集中精力继续完成任务。

当然，塔尖的经历也不全是这样骇人。有些塔建在高山上，塔上雾气环绕，站在塔顶，整个人仿佛置身云层里，步入了仙境。风把云吹起时头发立马变得湿漉漉的，脸上也潮潮的好像刚洗过脸。

渐渐地，我开始喜欢塔尖上的工作。扫频完，我会靠在铁架上，闭上眼，任风儿带着我和铁塔左右摇摆，那种感觉让人迷醉。我喜欢在塔顶看朝阳初长，看如血夕阳，听燕鸣鸟语，享受清风微凉。最爱俯瞰日暮小镇的点点灯光，看黄昏的余晖把塔的影子拉得好长，我也会努力寻找自己的影子，虽然总被淹没在塔影中。

和马蜂斗智斗勇

相比扫频,有时进站可能还要辛苦和困难得多,时而有来自动物的恐吓,如被狗追、被蛇阻挡、被马蜂袭击。

说起马蜂,我的室友杜治新还有一段惊心动魄的经历。

那次阿杜跟着同事老向、大波一起去站点,老向首先上了塔,接着是大波,阿杜在最下面。他刚上去几米,突然听到头顶传来一声尖叫,往上一看,妈呀,只见一团黑漆漆的东西围着大波团团转,大波一只手不停地挥舞着,另一只手牢牢抓住塔身的横梁,在他的不远处有一个灯笼大的马蜂窝。

大波一边奋力阻挡着马蜂的进攻,一边撕心裂肺地吼着:"有马蜂,快下去!"接着他迅速和阿杜退了下来。老向这时已经爬到了蜂窝的上面,不敢再下来,只能继续向上爬远离蜂窝。他努力爬到塔尖,终于出了马蜂的势力范围。

在站点遇到马蜂窝不足为奇,但处理不好是要出人命的,以前就有同事因为被马蜂蜇在医院躺了很长时间。大波虽然被蜇了一下,但暂时安全了,只是这上不能上、下不能下,工作没法进行,同时老向还在上面挂着呢。

两人面面相觑,坐在一旁的大波一边擦着常备的消毒水,一边说着马蜂的情况,唯

铁塔上的马蜂窝

一的办法就是把马蜂窝捅掉。这时阿杜走向了旁边的垃圾堆，倒腾了半天，找出一个像是装设备的塑料膜，大家一看都明白了，他是想做一个防护服。

一会儿工夫，防护服做好了，虽然简易，但只要包得好，马蜂基本上也奈何不得。现在的问题是谁上去捅呢？大波已经被蜇了一次，像泄气的皮球，本地员工早已经跑到站点外面了，这个重担自然落在了阿杜身上。他穿上防护服，找了一根长棍，简单整理后毅然走向铁塔，冲着塔顶高吼："老向，别怕，俺来救你了！"这时连一旁被叮的大波也"扑哧"一声乐了出来。

一步，两步，阿杜慢慢接近马蜂窝。快到跟前时他停了下来，仔细观察马蜂的情况，试探性地接近，看看对方反应。马蜂看见又有东西靠近，迅速围向了阿杜，但围攻了几次发现不能把他怎么样，防护服的作用还是杠杠的。

在这种情况下，速战速决是最好的选择。阿杜迅速移向了马蜂窝，从背后抽出棍子，准备开捅。动手前，阿杜还不忘对着蜂窝说："蜂兄，对不起了，为了印尼的通信事业，只能请你们搬个家了。"马蜂可能觉察状况不对，一群群犹如轰炸机一般不要命地撞向阿杜，做最后的抵抗，"啪啪"的撞击声在塔下都听得十分真切。阿杜也紧张得不行，但现在已没有退路。他咬牙扬起棍子，瞄准蜂窝就抡了过去，几个来回，蜂窝架不住棍子的撞击，终于脱落了，砸到地面上支离破碎。在落地的一刹那，塔下的人迅速散开。一会儿工夫，这群蜂子看见自己的窝没有了，知道大势已去，慢慢散去了。大家都在下面叫起好来，对阿杜投来了赞许的目光。老向也抽了个空挡迅速撤下来，那速度真比猿猴还快。

消除了蜂患，大家稍事休息，最终一鼓作气顺利完成了工作。

印度尼西亚的 MEGA 项目是第一次规模性利用自动扫频工具进行交付的项目，我们的工作也为公司其他项目的自动扫频交付树立了标杆。

短短三个月里，我和塔工一起扫描站点 115 个，累计爬升六千多米，足迹遍布了整个爪哇岛，行程几乎绕了地球一圈。随着 MEGA 项目的逐步完工，岛国印度尼西亚终于能享受到优质高速的无线宽带服务了。

在与大自然斗智斗勇的过程中，我历经了惊险、艰辛，也感受到从未有过的自豪和快乐。我想自己永远都不会忘记这些酸甜苦辣的故事，正是它们磨炼了我的意志，丰富了我的人生，支撑着我在海外一路走下去。

（文字编辑：周　洋）

部分网友回复——

名字都被人用了:
基本上,40 米的铁塔顶端就已经会晃了,而且晃动的幅度非常大,当时我就快崩溃了。80 米更可怕,佩服兄弟!

嘻哈小王子:
真实的生活体验,真实的工作历练,这是华为人才有的坚韧和毅力,自己选择的路,即使是高耸的塔尖,我们也得去征服!

uM 嘻嘻哈哈 wS:
兄弟注意安全,上站点很辛苦,上塔就更辛苦了。

Sunshin:
公司里有一个叫硬装工程营的团队,人不多,也就二十多人,但经常可以在海外重大项目中看到他们矫健的身影。印度尼西亚、菲律宾、缅甸、埃塞俄比亚、墨西哥、约旦、加纳、沙特、印度、南非等重大项目均有他们的大力支持,他们奋斗在最前线,在公司项目交付的最后一公里默默地贡献着!

娜一样的女孩:
1. 爬过最高的铁塔一百二十多米;
2. 被马蜂蜇过两次,那个疼啊;
3. 从铁塔 30 米高的爬梯护栏里掉下来过一次,比游乐场爽多了;
4. 被沙尘暴迷失了 N 次,浑身是沙土啊,摸索着下塔;
5. 别担心雷劈,有避雷针,我就在 60 米的铁塔上见识过闪电,那个震撼啊;
6. 三年内爬了近 1000 座铁塔,最高纪录是一天爬了 13 座,都是些

35 米的小铁塔，大晚上 12 点还在铁塔上；

7. 当年晒得跟黑兄弟差不多，和他们一起拍照，真是一个色啊。

色者无忌：

对扫频略知一二，我来解释有人的疑问——为什么必须要人爬到塔顶去做？在塔底为什么不能做？还得目不转睛盯着看几个小时的屏幕，没有软件工具吗？

扫频工作是支撑微波服务的，不是无线。这种事情还真不能在塔下干，微波的链路传输形成通路必须两个锅有效对通。我们没有谁把锅装在地面上的，一般都要安装到一定的高度。在这两个锅之间不能有任何遮挡物，同时在这两个链路之间不能受到磁场的干扰，例如高压电线之类具有强电磁能量的东西。如果真的只是在塔下收集数据，那是极其不负责任的做法。

有的伙伴提到无人机等一些高科技来协助这样的工作开展，但这个故事的背景是 2012 年，2012 年无人机应该还是一个概念吧。再看看其塔上工作时间，少的 30—40 分钟，多的达到 4 个小时，这么长的时间，设备的供电如何保证？电脑、笔记本、低噪放、扫频仪、云台这些工具都要有电才能工作，特别是云台还不带电池。现在业界知名品牌的无人机在空中飞行的时长，二十分钟左右已经是极限了。这个假设还只是认为它具备这样的工作能力。试问一下它具有数据采集、分析、记录这些功能吗？还不考虑各国国情、个人隐私和航空管制等因素。

至于为什么要长时间地关注屏幕，扫频收集的数据分析都根据程序设置的门限值来确认收集，对接收的信息进行分析。但有时因环境的原因，例如磁场、障碍物等都会影响门限值，超越这个门限值或者其他异常，仪器就根据编写的程序规则报错，然后停止工作，需要更改程序规则后再接着工作。所以，这也是为什么叫"扫频"的原因。

w00339548：

这些工作的细节，在很多人看来甚至属于冒失、轻率，但谁也不是傻瓜，这就是一份责任而已。是奋斗，但又和奋斗无关！如果每个产品中都有这样一群接过地气儿的人，许许多多的细节不用客户指责，我们自然会在设计中体现，早期华为的很多土气但实用的功能就是这样出来的；如果工作勘验数据是这样真正跑过站、做过站点的工程师给出来的，很多浪费都可以避免。

被打劫记

作者：Lily Zhong

2004年，我在约翰内斯堡已经待了近三年，一直平安无事，不过我从小就明白"祸福相倚，月满则亏"的人生道理。果然，危险就在忧患意识最薄弱的时候发生了……

劫匪夸我趴得好

我清晰地记得，事发时间是2004年6月20日18时40分，约翰内斯堡正是华灯初上、倦鸟归林之时。我们一行五人，正在同事Jess家中引吭高歌。这时忽然听到旁边的Jess一声压抑低呼，扭头一看，一个当地人正蹦上她旁边的沙发。我心里纳闷：她们家的花工为什么这么无礼，居然蹦到沙发上？说时迟那时快，那人转眼已蹦到了面前，语气急促地要旁边的Ronald把表摘下给他，于是Ronald开始摘表，劫匪再催，Ronald回答说："不要急！摘给你！"而我就在一边呆呆地看着这一切，终于明白过来——原来是打劫！

此时，Ronald已经历了欲藏钱包未果的一系列过程了。后知后觉至此，我真是惭愧。不过反应迟钝的我在劫匪的眼中，可能就属于表现好的"乖宝宝"了，不喊不叫，无比配合。

然后大家就都被赶到屋子一侧，要求趴下。大家以各种姿势趴了下来，我是以一贯的俯卧姿势，趴得无比标准和舒服，以致劫匪受到了我的启发，再催促大家的时候，命令动词已改成了——"sleep"！可此时，我开始觉得趴下的地点可能选得有些不妙，因为我趴在了最外围——正在枪口下。以从小看过的大片来看，无论是抢银行还是抢别的，歹徒们在抓人质时一般都属于兴之所至，目光飘到谁的身上，或是抓谁顺手就抓谁，前排的人肯定最倒霉！正在这时，劫匪又开口了，要求大家趴得标准些，指着我说："要照这位女士的样子趴！"这一听我又把高高悬起的心放下了，原来我还是"优秀人质"……

惊心动魄中乐起来

劫匪进行了组织分工：一个端着枪留在客厅看着我们一干人等，另外三个人上楼去抓更多的人质下来！

这时，我的思绪开始飘浮，开始学习《罗拉快跑》的导演，假想各种各样的可能性：首先要挨骂的应该是李X，不是他非要缠着Ronald来弹钢琴给他听，又缠着我来做司机，我们今天怎么会做枪下囚？但是看看他，缩在那里像团秋风中的小白菜，估计心里也已十分不安，还是不要再责备他了吧。接着我又想，我半个钟头之前就想催大家去吃饭了，但怕扫了大家的兴，生生咽下了，如果我有一点先见之明，坚信我的第六感，那现在，我们应该已经坐在某个中餐馆里，喝着茶在点菜了。

但是接着我又开始训斥自己：孩子，不要为打翻的牛奶瓶哭泣！终于想到，事情本来还有一种更坏的可能性——如果李X在数分钟前打断 Jess 母女的歌兴，要求大家齐齐聚于起坐厅聆听 Ronald 弹琴，那现在的我们就是趴在冰冷的地板砖上，而不是客厅温暖的地毯上了。这么一想，我又高兴起来了。你们看，不管在什么境地，你总能乐起来，只要你想乐。

这个事情很严肃很危险

楼上的动静开始大了起来，一众劫匪们冲了下来，逼问谁是屋主。Jess 妈妈应了，但情绪有些激动，说话不是特别清楚。Ronald 帮着应答和翻译，差点惹祸上身，有劫匪冲至他面前，用枪指着他，喝道："You know too much！"（"你知道的太多了！"）这是整个打劫过程中我认为最惊险的一段，因为开枪是未可知的事。

接着 Jess 的妈妈还是被劫匪挟持着找钱去了。一帮劫匪口中念念有词："保险箱！"情绪激昂。然后楼上有人被打，当时听起来像一个女生，不过后来证明原来是一个男房客，是刚从国内来南非想做生意的，结果就碰上这样的事。他被押下来，趴在我旁边，瑟瑟发抖，泣不成声，鼻子流血流成一串。后来听说他被吓得不行，第二天就买机票回国了。

说这个片断的意思是：不要看我语气轻松的陈述，就以为打劫是一件很搞笑很好玩的事，这个事情是很严肃很危险的！

虽然冏了，但安全重要

劫匪搜到了 Jess 家的八千美元、一些散钱，还有枪、大家的钥匙。说到这里，不能不提一下我这个倒霉蛋。当天我一时高兴，换了一个大吉大利的斜挎大红包，里面放着钱包和零钱包，钱包里有各种卡，零钱包里有各种公务的发票，最要命的是还有驾照。这帮劫匪一看就是一支职业化的"团队"，把大家的钱包都搜了出来，只取现金，不拿卡。但是单单我的包，因为长得抢眼，背起来顺手，而且够大，就被一个家伙直接背在了身上，把大家的东西都放进去，当然也无暇专门把我的钱包取出来了。

唉，人要是倒霉真是喝凉水都塞牙！我就看着这个劫匪神气地背着我的包，在屋子里走来走去，包上的铃铛也随着他神气的步伐叮叮地响个不停。

我刚趴下的时候，看到他们拿我的包，就立刻主动表示要帮他们找钱，希望把卡、钥匙、驾照要回来。但是我说完，那个哥们儿大声问我说什么，我就吓闭嘴了。后来在趴在地上的十余分钟里，我思想斗争了好几番，几次想跟他们商量把证件还给我，但还是觉得多一事不如少一事，不要主动蹦出来惹注意，最终眼睁睁看着我的包、卡、证都被背走了。

事后想想，虽然当时尿了，但至少人是安全的。

劫后余生

接下来劫匪把我们都叫了起来，让大家上楼。YX 同学很害怕，已经步履维艰，我就扶着她走，感觉她在发抖。我很奇怪自己的迟钝，大概真的是恐龙级的神经了，真没觉得怕，并且到现在也不觉得怕。

我们一行人鱼贯进入一个卫生间后，劫匪就从外面把门锁上了。这时大家开始观察四周看窗子有没有栅栏，我则在脑中浮想联翩：如果大家被闷在这里，唯一能做的就只有打开窗子呼救了，那我的大嗓门儿就用上了！不过还没等我的想象力发挥完，一个小妹妹掏出了一个手机，原来劫匪不搜小孩和女人的身，于是她的手机幸存。我们有了和外界的联络工具，轻易地求了救。

当营救的小区警察赶来，并且在门外问询时，大家都有些紧张，判断不出来是不是劫匪又回来了。直到打开了门，发现是警察，我们才终于松了口气。接下来，就开始了一段漫长的善后工作，包括挂失四个 SIM 卡、我的银行卡，找车来拉我们五个乐极生悲的倒霉蛋等。

回去的路上，大家心绪起伏，一阵唏嘘。YX 依旧情绪激动，难以平复。大家虽然死里逃生，心有余悸，但还是自我调侃道："我们终于可以自豪地说，我们是真正经历过枪下惊魂的约堡客了！"

被打劫后二三事

这个故事还有一些后续，依次记录如下：

——死里逃生，心情激动，晚上不由喝多了三五杯，加之空腹饮酒，瞬间成功醉倒，不省人事。第二天呕吐不止，吃什么吐什么，喝水吐水，不喝水吐胃液。

——阿猫晚上听完整个过程，不由神往，开始编纂 Matrix 续集。大意为他勾倒劫匪 A，卡掉他手中的枪，抵住他的身子开枪，无声消灭 A，而后倒立藏于门上，待劫匪 B 下来时，倒钩住门框，翻身下来再结果 B。我们质疑说，余下的劫匪早就已经把你打成马蜂窝了。阿猫胸有成竹地伸出五指，做"定弹神掌"状，而后在小椅子上笨拙地向后弯下了胖胖的小腰。

——小地瓜当天本来要和我们一同前往 Jess 家，后未能成行。

得知我们被打劫,一张小脸笑得那个灿烂,不由引起"蛋泥"同学强烈愤恨,认定他对我们负有一周膳食招待的义务,每天不下十次粘在小地瓜后面要饭吃,小地瓜钢牙紧咬,死不松口,两人拉锯三天有余。

——所有同事得知我们被打劫,不管脸大脸小,都笑得"稀巴烂"。不由纳闷,这事儿真这么好笑吗?我还以为就我自己觉得好笑,原来大家幽默细胞都很丰富。

——我的钱包被劫,终于可以趁机换掉那个旧的黑钱包了,不由理直气壮地发邮件,指使静O送我一个红色的钱包来招财了。

这些细节虽小,但却是被打劫过后的真实百态,回想起来,不禁莞尔。海外奋斗有寂寞,有艰苦,有惊险,但大家相互帮助,相互关心,相互调侃的种种故事总是留在记忆中,谁说苦中没有乐呢?

(文字编辑:王 鹏)

部分网友回复——

秋水映梧桐:
为女汉子的乐观精神点赞,艰苦地区的同事们往往能从紧张充实的工作和生活中找到乐趣,就像文章结尾说的:"谁说苦中没有乐呢?"

雷公马甲无数:
为趴在地上的女汉子点个赞,碰到打劫的,一定要缴枪不杀,趴的就要像 this lady。

再靠近我就报警：

面对这样的事情，居然还可以用如此诙谐幽默的语气来说，只能说，献上我的膝盖！为你坚强的神经点赞！

鼻子有两个洞：

非洲看着乱，其实打劫基本是这个风格，只求财，不害人，只要你自己不胡来就没事。所以楼主也算不得勇敢，只是比较镇定而已。至于事后的调侃诙谐和所谓苦中作乐，非洲的兄弟们会很理解……外部环境就是这样，你要么选择离开，要么选择留下。如果选择留下而不巧碰到这样的事情，你要么选择崩溃，要么选择笑对。而不论你是哭一天还是笑一天，这一天都会过去，所以为什么不笑着过一天呢？然后笑着再过一天呢？……

人生无非是一个又一个选择而已。留在家里求安稳求家庭团圆的，不要眼红人家经历丰富还挣了补助。出来常驻求发展求银子的，也不要羡慕别人老婆孩子热炕头还随时可以撸串。人生也不可能日日响晴，瓢泼之下，有人 dance in the rain，有人临窗听雨，有人凭炉小酌，都很好。谁也不必笑谁傻。

求仁得仁，夫复何怨。还有，Don't judge! 子非鱼，焉知鱼之乐与不乐，又焉知鱼之取与舍？

我爱笑：

遇上持枪打劫，还没被打垮，这需要多么强大的神经啊。我学到的是：遇上打劫，保命最重要，钱财都不重要。记住几点：不盯着歹徒看，不多说一句话，不贪恋什么。

"蚊子龙卷风"

作者：徐海明

华为马拉维"二宝"

  2007年公司培训期间，我收到公司驻津巴布韦办事处韩新利的邮件，通知我外派到马拉维共和国，可在网上查询半天，也不知道这个国家在哪儿。离开深圳前只好告诉爸妈，我即将外派非洲津巴布韦，后来，我爸妈竟然一直以为马拉维是津巴布韦的一个省。

  当时，我和王耀峰应该是马拉维为数不多的中方常驻员工。抵达后的前两天，由于新租的宿舍没有任何家具，也没有床，我们只能把蚊帐铺好睡在地上。厨师老张怕我们着凉，给我们铺上了冰箱、电视的纸壳外包装。睡了两三天后，浑身长满红点并且特别痒，后来发现，是因为那个纸壳之前给狗睡过，有虱子，因此厨师老张至今还对我们满怀歉意。

  马拉维因马拉维湖而得名，这是非洲第三大淡水湖，同时也是最深的湖，最深处有705米，面积29600平方公里。一望无际的马拉维湖，也是世界上最大的蚊子繁殖基地之一。雨季时节，有时傍晚你会看到湖面上的"龙卷风"，黑压压直冲云霄，其实那不是龙卷风，而是上亿只蚊子从水里飞出来形成的。初期由于我们对疟疾重视不够，经常有同事遭遇疟疾。无线产品主管张岩，在做TNM（Telekom

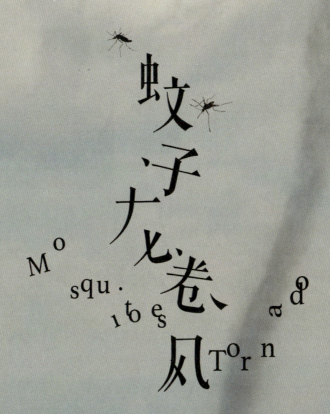

传奇的"毛毛"

Networks Malawi,马拉维电话网络公司)无线二期项目时,一个月得了四次疟疾,每周得一次。后来我们加固了纱窗、蚊帐,实行双周例行消毒灭蚊,再加上员工自我防蚊意识提高,疟疾已经很少有机会侵犯我们了。

但马拉维办公室的任何传奇,都无法跟"毛毛"的传奇相提并论。"毛毛",是厨师老张 2006 年从路边用三美元购买的当地土狗,当时还只是个小狗崽。到了我们的驻地以后,它开始书写自己的传奇。"毛毛"打趴了办公室方圆五公里以内的公狗,并持续征服了周边的各种母狗。"毛毛"可以分辨车辆的发动机声,公司车辆回来它若无其事,但如果是外来车辆第一次来访,"毛毛"一直会站在来访的车门边,直到公司同事过来迎接,到访供应商或客户才敢下车,客户第二次来访时,"毛毛"才会若无其事。2010 年 11 月某日凌晨,我们办公室(与宿舍为一体)院子中六条狗全部吞食了劫匪投入的毒肉,抢匪爬进院子之后,中毒的"毛毛"英勇善战,在警察赶来前赶跑了抢匪,确保了我们的安全。"毛毛"至今还在马拉维办公室坚守岗位,完全超越了老张当年对这只小狗崽的期望。

突破 TNM 核心网和无线业务之后,我们在当地站稳了脚跟。从

2007年开始的五个人，到现在五十人，每年稳定贡献几千万美元设备销售收入。在我离开马拉维之前，很多客户告诉我，华为很让他们感动。一方面，因为我们有别于其他设备商，在当地长期扎根，构筑了本地化服务能力，客户随时可以获得华为的服务；另一方面，华为长期坚持帮助客户商业运作，比如马拉维经常停电，出了故障之后，我们就协助客户恢复网络业务，哪怕不是我们公司的设备，我们也会提供帮助，最后，客户感受到我们的真诚和对客户的友善。马拉维业务分布在两个重点城市利隆圭（Lilongwe）和布兰太尔（Blantyre），有一年，为了及时响应客户需求，我和司机每周三次来回六百多公里，一年下来跑了十万公里。

改变人生轨迹的"军令状"

2008年年中，我被抽调支持赞比亚MTN（MTN Group Limited，是一家南非跨国移动电信公司）300站点全Turnkey项目，任项目合同经理，负责合同履行和变更。这个项目是地区部第一次交付大规模Turnkey项目，而且客户要求我们十二个月就要完成交付，包括挖地、打地基、建塔、安装设备和开通业务。由于没有经验，当地也没有充足的交付资源，项目进度让人焦虑。当时由交付副代表李月明牵头，每天晚饭后，我们开会讨论项目进展和解决方案。我们的每日例会足足开了一百八十多天，非常痛苦。我觉得真正在公司干活和理解项目，就是从这个项目开始的。2008年5月，我和做站点设计的赵东一起写邮件，跟代表处领导立下"军令状"：承诺60天内交付13个站点，如果不成功，我们就卷铺盖回家。领导同意让我们负责赞比亚卡布韦（Kabwe）区域，于是我们"自封"区域项目经理，司机开着一辆破车，带我们启程去卡布韦。记得那个时候，每天车上除了电脑就是水和饼干，电脑是办公的，水和饼干是用来激励分包商的，有时我们也用来充饥。卡布韦站点交付区域偏僻、没有电，站点混凝土浇筑期间，通常用发电机提供照明。很多时候，"历史悠久"的发电机罢工，而混凝土浇筑一旦启动就不能停止，于是，我们就把所有车打着火，用车灯提供工程现场照明。为了赶工期，我们连夜赶进度，连续做了三个通宵，一边提供水、饼干，一边鼓励他们，坚持完成60天内交付13个站点的"军令状"。

卡布韦是前往赞比亚北部和西部的途经之地，当年我和赵东的旅馆房间，也成为其他区域兄弟的驿站，有些脸皮厚的兄弟，晚上就跟我们挤一个房间，条件就是留下两包方便面。在跟其他区域兄弟交流期间，我们发现，项目频繁变更并且没有收取任何费用。回到赞比亚首都，我和赵东根据实地站点交付的经验，收集典型变更场景，把300个站点的变更证据收集汇总，在经历跟客户CTO几十次谈判之后，最终完成391万美元的变更，这也是我为公司签下的第一单PO（Purchase Order，采购订单）。

2009年年初，代表处安排我负责马拉维交付业务，当时我每天都是"压力山大"：每天利用各种机会学习公司产品技术知识，向工程师学习时隙、频谱信令、网络结构等知识，弥补自己通信技术知识的不足；在每次产品割接和维护事故期间，协调客户沟通的同时管理内部维护运作，久而久之，与客户CTO等建立了良好的信任和沟通；后来，和团队商讨并出台了工程管理和产品技术作业细则，通过业务流程化，提高团队运作效率以保障客户满意。由于我与客户CTO等接触和沟通效果不错，随后代表处安排我转岗成为客户经理，再后来，我陆续做了办事处主任、企业业务部部长、代表处代表、人力资源部部长。

这就是改变我人生轨迹的"军令状"。

感谢所有帮助我、包容我、支持我的战友们。

（文字编辑：陈丹华）

部分网友回复——

A 到 H 区会迷路：
虽然环境很艰苦，但看到的只有他们奋斗的快乐。

我很任性：
最美好的青春，与一群人在一起做了一些有意义的事情。什么是幸福？人生充满了回忆就是幸福。与兄弟们，不虚此行。

有人说是军长：
认真读完，奋斗、执念是华为人骨子里的，致敬！

没去过东北：
王耀锋是我哥们，家里其实挺有钱的，不过小伙是个挺理想化的人，去了马拉维，还被"疟"了一次，愣是没告诉家里人。后来因为一些事情离开了华为，现在是个马拉松迷。致敬我的兄弟，致敬所有海外一线艰苦奋斗的华为人。

上高妞：
老公下个月可能要外派了，一万个舍不得，可是作为他身后的女人，我只能支持他了，支持他就是对他最好的回报。（坚持梦想一直向前回复：现在艰苦区域小环境非常好，艰苦区域机会也很多，建议大家放心来艰苦区域，平时注意学习、锻炼身体和联系家人。）

雪域戈壁：

读完《"蚊子龙卷风"》，感觉我公司员工非常可爱，非常伟大。艰苦奋斗绝不仅仅是停留在嘴上，而是要实践在每一个员工的心里，这样我们才能勇往直前，所向披靡！

我爱笑：

有人说，华为发展那么好，肯定是有背景，得到了什么支持。但我坚持认为，华为发展那么好，是因为我们的艰苦奋斗。那种离乡背井，经受疾病、战乱、骚乱、物质匮乏的考验；那种在人生地不熟的异国他乡摸爬滚打，一点点地赢取客户的信任，保持对客户的敬畏；那种坚持、坚守、不相信失败；它们是某种支持能换来的吗？政策的支持和扶持，只能换来温室的花朵，绝不能换来坚强的意志和必胜的信念。向奋斗者致敬！期待更多的故事！

阿拉晶：

我也在艰苦地区奋斗过，冬天没有暖气，只能靠床边一个小电暖气取暖，还经常停电。没有自来水厂，导致每次接水都要放半天，最后还是要忍着含沙的水洗澡。回想起来，那段时光是最真实，最有意义的。

愤怒的果子狸：

很多机关的同事总是不理解所谓的"艰苦"，实际上只要走出国门，就随时面临着艰苦。只不过不同的人，在不同时间、地区、环境下，对艰苦的定义会随时变化。疾病、战争这些是艰苦，孤独、无助这些是艰苦。但每次他们回国后，不是大倒苦水，反而用的是一个个听着有趣，回味起来又酸又涩，让人情不自禁泪流满面的亲身经历。从"追死房东的鸡"，"水塘边的野韭菜与荷兰小伙对话"，到"平时接触到的雌性最多的是母猫"，哪一个不是听起来能笑出八块腹肌，回味起来让人唏嘘的故事。

t00175029：

想起肯尼亚警察网彻夜交付的场景，向参与交付的兄弟，特别是默默无闻的本地员工致敬。提升产品竞争力，需要关注细节，不把问题遗留到下个环节。解决方案人员要有"销售思维，技术扎实，交付能力，还能演讲"，仰望星空，手粘泥土，真的做到了，一个专家可以抵一个班。华为的成功来源于艰苦奋斗，走出国门，才知道什么是难。没有艰苦奋斗，华为走不到今天，精神不传承，我们也走不远。

100210286：

继续坚守在西非，续写那些辉煌。

原子猫：

社会上有人说华为的成功有背景，华为的背景就是蚊子龙卷风。

"蚊子龙卷风"也吹不散的爱情

作者：丁 汀

　　徐海明写的文章《"蚊子龙卷风"》被转到朋友圈里，有人感觉海报上的图片实在太惊悚，还有人来问我马拉维是不是真这么恐怖。我回家把这事儿当笑话讲给老婆听，她已经带着孩子，在这里陪了我三年多，没想到她却没有笑，只是感叹了一句："我当初来的时候，还不是想走？"

　　我突然愣住，想起了她当初过来时的寂寞。那是三年前，马拉维缺油缺水缺电，她刚来，也不认识什么人，我去上班时，她就一个人待在没有电的房间里，又热又闷，还没人说话。她想过回国，甚至连我自己也矛盾纠结过，要不要为了她离开这个地方？可是每当我们在一天的分离后，见到彼此，一起分享日常点滴时，每当我们在月色静谧的夜晚，看着一望无际的星空相拥而眠时，我们又舍不得就此分开。这里虽然物质匮乏，没有太多娱乐，却让我们更加依赖彼此，原本躁动的内心，也慢慢平静下来，不再浮躁。

　　慢慢地，她学会了十字绣，习惯了在自然的微风中翻动书页、品味墨香。再然后，这里的家属多了，我们也有了自己的孩子，她的生活渐渐丰富起来，我也经过多年打拼后小有成绩。

　　而这里艰苦的环境，也渐渐得到了改善。三年前马拉维的新总

两年前我陪老婆、女儿在马拉维餐馆过圣诞节

现在女儿长大啦——和猫咪在我们马拉维家里的合影

"蚊子龙卷风"也吹不散的爱情

宿舍外景

厨房

统上台，油荒的问题逐渐缓解。雨水丰沛时，这个依靠水力发电的国家可以保证电力供应了；雨水不多、市电被断时，有公司的发电机，保障我们的日常用电。加上公司给我们配的压面机、烤饼机，伙食水平大为改善。食堂从馒头都发不起来，到现在可以不重样地做各种好吃的面食，油条、包子、馅饼、千层饼等应有尽有。

我们的业余生活，逐渐变得多姿多彩。卡拉OK机、台球桌、乒乓球桌都配齐了，现在我不时和老婆去唱唱卡拉OK，看看电影，或者在灿烂的阳光下挥洒汗水，和兄弟们一起打篮球、跑步健身。良好的运动习惯，让我的免疫力得到提高，这么多年，我只得过一次疟疾。

转眼间，我在马拉维已经待了六年。今年，我们搬进了崭新敞亮的新办公楼和宿舍，生活环境也越来越好。不过，我想我还是会怀念那个简朴而温馨的"家"，因为那里有我六年的回忆。它见证了，我从一个毛头小伙子变成了孩子她爸；它见证了，我的妻子对我不离不弃的陪伴和包容；它见证了，我和我的弟兄们曾经的坚持和守候，拼搏和努力。

两年前我陪老婆、女儿在马拉维餐馆过圣诞节

现在女儿长大啦——和猫咪在我们马拉维家里的合影

宿舍外景

厨房

统上台,油荒的问题逐渐缓解。雨水丰沛时,这个依靠水力发电的国家可以保证电力供应了;雨水不多、市电被断时,有公司的发电机,保障我们的日常用电。加上公司给我们配的压面机、烤饼机,伙食水平大为改善。食堂从馒头都发不起来,到现在可以不重样地做各种好吃的面食,油条、包子、馅饼、千层饼等应有尽有。

我们的业余生活,逐渐变得多姿多彩。卡拉OK机、台球桌、乒乓球桌都配齐了,现在我不时和老婆去唱唱卡拉OK,看看电影,或者在灿烂的阳光下挥洒汗水,和兄弟们一起打篮球、跑步健身。良好的运动习惯,让我的免疫力得到提高,这么多年,我只得过一次疟疾。

转眼间,我在马拉维已经待了六年。今年,我们搬进了崭新敞亮的新办公楼和宿舍,生活环境也越来越好。不过,我想我还是会怀念那个简朴而温馨的"家",因为那里有我六年的回忆。它见证了,我从一个毛头小伙子变成了孩子她爸;它见证了,我的妻子对我不离不弃的陪伴和包容;它见证了,我和我的弟兄们曾经的坚持和守候,拼搏和努力。

人生没有重来的机会，也没有后悔的余地，而我庆幸，马拉维六年，不枉青春！

（文字编辑：陈丹华）

 部分网友回复——

XFighter：
马拉维兄弟有艰苦的大环境，也有逐步改善的小环境，还有坚定的决心，读来为之感动。赞美艰苦奋斗的人。

璁紫：
有家人的陪伴，哪里都是家。

x00171411：
顶。什么叫幸福？没有幸福的条件配置，自己创造条件，慢慢改善环境，那才是真正的幸福。

乔桑：
五年前，海外第一站马拉维，飞机要落地了，透过窗户都没看出跑道在哪儿。好在来非洲前，期望值也不高，在这里生活的一年，居然成为参加工作以来最开心的一段时间。和很多兄弟，结下了职场上难得的情谊，当然也经历了以后难得再有的历险记：门沿上、窗台上、客厅里摆满酒瓶做警报，冰箱挡门口，护照美元埋砖下，刀叉放枕头下，半夜风吹洗手间门的吱吱声，吓得一哥们侧耳听了一宿……美好的马拉维……

牵手

作者：Austin You

热情的"牵手"，让我留下来

我刚结婚两个月，就进了公司，不到半年，就被派去了坦桑尼亚常驻。

以前，非洲的行政平台不像现在这么好，还记得我刚到非洲，走出坦桑尼亚机场时，就看到一个亚洲人蹲在那里抽烟，他穿着一件很破的背心。我环顾四周发现就他一个亚洲人，心想，难道来接我的就是他？于是走过去问："你是华为公司的吗？"他说："是的。"我一看他穿成这样，还趿拉着拖鞋，心里真是凉了半截。他带着我走到一辆非常破的皮卡前，那辆皮卡就两个座位，我坐上去后，发现他开车的技术倒是很好。

他带着我去了宿舍，我进去一看——厅里摆着几张桌子，卧室里摆着几张床，他说："你找张干净的睡就行了。"其实，这种居住条件的艰苦都不算什么，最大的困难是没法和家里联系。

那时，整个坦桑尼亚出口局只有3M带宽，QQ压根登录不上，我们只能用Skype，还不能轻易联上。我到坦桑尼亚的第一晚就没能和家里联系上，心里很难受。

第二天,我老婆给我打电话,我说:"这里条件实在太差了,我不见得能待下去,也许马上就会走了。"但没想到,我到了客户那里之后,一切都发生了改变。

客户是个非洲人,是无线的负责人。他看到我的时候非常高兴,拉着我的手就不放了,一路牵着我的手带我参观机房,就这么一直走一直走,竟然走了一个多小时都没松开。

我当时心里都有些发毛了。我从小到大还没被一个男人这么牵过手,心想,这哥们咋回事啊?后来我问同事,他说,这里的客户就是这么热情,他觉得和你好就会拉你的手。我听了之后稍微心安了一些,但还是有些忐忑。后来我发现,坦桑尼亚这边的确如此,很多次我都看到两个男人在路上手牵手地走,关系好的好像都这样。我这才真正放下心来,继而又有些感动,因为我能感受到客户对我真是非常尊重,也非常希望我能留下来。

这件事改变了我对非洲的看法,我和这个客户从第一天开始就成了朋友,后来的合作也非常顺利,让我在这里慢慢找到了归属感和成就感。

总统就坐在我邻桌

后来,我离开坦桑尼亚去了刚果(布)。那时的我已经不再惧怕生活条件上的艰苦,因为我发现,相较于贫瘠的物质条件,从精神层面和工作发展上来说,公司真是给我们搭建了一个千金难买的平台。

当时刚果(布)有个项目,投资方非常有钱。项目要商谈的前一周,客户就把国家体育场整个包下来,运各种东西进去。我们向客户打听这是要干吗,他说,我们投资方的老大要来了,他来了之后我们会邀请总统和你们一起参加宴会。

宴会当晚,我们一进去就傻了,那是一个能容纳几千人的体育场,但所有参加宴会的人加在一起还不到五十人,就只有几桌在看台旁边摆着,其他地方都空着,那感觉真是很"土豪"。

总统就坐在我的邻桌,背对着我,非常近。我当时看着总统近在咫尺的背影,真是心潮澎湃,心想,这是国家总统啊,胆子大点还能上去寒暄两句,有机会还可以和我国内的那些朋友显摆——看,我随便回个头,就能见人家一国总统!这就是华为公司给我提供的平台,更不用说我每天都可以和 CTO 开会了。

那年我才二十七岁,这让我感觉自己的人生一下子站在了前人的肩膀上,可以极目远眺,展翅翱翔,成就感非常大。

背枪的施工队

刚果(布)的经历不只是给我的职业生涯带来了巨大的成就感,还让我在"战火"中历练得更加处变不惊。其中让我印象最为深刻的事情,就是我们成功地让地方势力做了我们的施工队。

那时我们给客户建网,涉及刚果(布)首都布拉柴维尔和黑角两个城市。这两个城市之间没有路,我们要建大的骨干微波网络,把这两个城市连接起来。很多当地的分包商都说根本建不了,我们就找了一家中资分包商。他们用了很多推土机,包括能推倒大树的大型机器,从黑角到布拉柴维尔走了两个月,打通了一条路。到了一个地方,该建一个站了,我们就建一个站,就这么一路走过来,真是把客户给震惊坏了,他们一直以为,至少要一年以上才能建完。建完之后,客户还给我们写了一封表扬信。出于对我们的信任,客户把另外一个管理服务项目也给了我们，可是，项目站点所在地全是地方势力的地盘，还都在原始森林里面。

开始，我们的员工和分包商的人也试图去站点所在地，但一直没法进去，不知道哪儿打黑枪，把车打得都是眼儿。可是一下雨，骨干微波的设备容易坏，不能不维修。就在我们一筹莫展之际，有个本地员工出主意，说："我们要不去和地方势力聊聊，看他们能不能做？"我当时心想，还能这样？但实在没法子，只能死马当活马医了，于是就让这个本地员工去联系试试。

没想到联系来联系去，那个本地员工还真和地方势力接上头了。地方势力派人过来和我们聊，说："你们想在我们这里维护设备是吧？可以，你们给分包商多少钱？"我们说："一个月500美元。"他说："那好，我们450做了。"

我一听，简直惊喜啊，本来还以为他们会涨价呢，结果人家主动降价。不过他们也提出了要求——要我们给他们培训。我说："行，你们派几个人来参加培训，但不能带枪。"地方势力同意了，于是我们就在办公室给他们的人培训怎么做设备维护，把他们都教会了。

过了一段时间，按理得去巡检了，我心里有些犹豫，要不要去呢，就给他们打电话，说："我们要去巡检，你能保证我们的安全吗？"他们说："可以保证。"我就问："你怎么保证？"他们说："你到森林旁边就给我打电话，那边我的手机还有信号，我出来接你们。"于是我们就开着皮卡，他们就开着国内那种带跨斗的绿摩托车出来了。

一路上，他们笔挺地骑着摩托车在前面开道，让我们跟着他们走。我们挨个站点巡检，发现他们竟然做得非常专业！其实维护的流程还是挺麻烦的，比如每个站点要抹黄油、拧紧螺丝等，但他们真的是每个步骤都按照我们的checklist做，还做得非常好。我惊讶地说:"你这做得比我和分包商都要专业!"后来我一想,这是为啥呢?因为分包商干完这件事老板还要给他别的活儿干,但地方势力很有空,他们在原始森林里本来就没啥事儿,没电,也没别的什么消遣,正好我们给了他们这个活儿,他们能打发时间还能挣钱,就把我们的站点照顾得非常好。

这事儿真是让我印象特别深刻。所以有时人家会问我:"哎,你在刚果(布),那地方有战乱,挺危险吧?"我就会给对方讲这个故事,说:"没事儿,我还让地方势力给我当过施工队呢,人家可用心了!"

现在的我还在非洲,但我想,自己再也不是当初那个一落地就想离开的懵懂青年。如今的我已真心喜欢上了这个地方,喜欢它带给我的机遇、勇气和继续前行的动力。

(文字编辑:陈丹华)

 部分网友回复——

神调瞎语:
客户拉着手一个小时不松开,二十七岁一回头就能见到总统,地方势力当施工队给咱干活儿,这经历,可能真的只有在非洲才能实现。而年轻时又有多少人有这样丰富的体验呢?为作者点赞!

尼克鲁特：

这是我来华为听说到的最 NB 的事情了，给前方兄弟点赞。为改善全人类的互联体验奋斗，真不是吹的。

我是一个奋斗着：

这样的人生很精彩，男人有故事，有阅历才显得丰满。

泥中血：

谁都想有牛 X 的经历，但是真的有机会去体验，有几个人能挺过来呢？作者是真牛。相信华为确实有很多这样的牛人吧。

江南天空：

我们的思维不能有定式，方法总比困难多，关键是态度。

ET 外星人：

非洲的兄弟们经历了太多不为人知的故事。只有在回忆时，那些曾经的苦难才真的变成了精神上的财富！"他们就用了很多推土机，包括能推动大树的大型机器，从黑角到布拉柴维尔走了两个月，打通了一条路。到了一个地方，该建一个站了，我们就建一个站。就这么一路走过来……"这段简单的描述，看得心里一阵阵感动！众多像华为一样在海外的中资企业，在艰苦地区就是这样逢山开路、遇水搭桥地走过来的。实干兴邦！

飘啊飘：

很感动！相信只有亲身经历过的兄弟才能真正体会当时的压力、凶险和忐忑。作为一个在海外连续工作超过十年的员工，给我们自己点赞，为所有的兄弟祝福！

"英伦之恋"

作者：张建岗

十三年前，华为在初遇英国电信（BT）时，还是一个不折不扣的"穷小子"，没有知名度，没有技术优势，甚至连规矩都不太懂，却在面对"贵族名媛"级运营商时毫无惧色，敢于迎难而上，奋起直追，最终和BT"相知相恋"，携手同行。

这一场"英伦之恋"，不仅叩开了欧洲运营商的大门，在华为的全球市场拓展史中，也是一个极其重要的里程碑。

要想追美女，先得搭上话

2003年，华为在欧洲市场寻找进入的机会。如果说，那时华为有欧洲战略，那就是总裁任正非说的"轮子"战略，就是到处走、到处看，走到哪儿发现机会了，就把欧洲总部设在那儿。而BT，就是在那时让我们觅得"一线生机"的。

当时受IT泡沫影响，欧洲运营商经营压力陡增。BT的CTO（首席技术官）马特提出为节省100亿英镑的投资和运营维护成本，将网络从TDM改成IP化，即所谓"21世纪网络"。董事会授权马特牵头执行这个项目。在选择合作伙伴时，马特将目光投向了亚洲。他心目中的优选是日本公司，次选是另一家中国公司，对于华为，他

基本不了解。

后来,马特来深圳时,去了那家中国公司,看了一上午后犯愁了:产品和BT"21世纪网络"的目标没法匹配。这时有人说,这里还有家叫"华为"的公司。马特想,来都来了,就来华为看看吧。

虽说马特来参观是临时起意,但我们其实早有准备。得知BT要来中国参观公司前,华为驻英国代表处就已经提前和研发部门沟通,针对BT"21世纪网络"做出了一个端到端解决方案,并把研发人员里英语比较好的唐新兵从国内市场揪回来,作为接待的总负责人,代表公司去和客户沟通。当时大家也担心过——投入这么多,人家到底来不来啊?

可人家不来,我们最多就是白费心血,但绝不能在人家来了后打"无准备之仗"。功夫不负有心人,BT真的来了!

那时我们的产品开发已经穿上了"美国鞋",有了IPD(集成产品开发)流程,这是能通过客户需求驱动研发的集成产品开发流程,借助这样一个规范高效的运作体系,能加快华为对市场的反应速度,用更少的时间和成本,研发出稳定的、可生产、可维护、符合客户需求的产品。

看到一家中国公司,竟然有IPD这样的国际化流程,ISC(集成供应链)流程也在推行中,马特一行人在惊讶之余更多是欣喜。在他们看来,产品管理、开发、质量控制这些都是核心竞争力,而这些能力华为基本都具备,尤其是在研发产品的流程方面,华为已经学会了"国际语言",可以和BT"对话"。

马特此刻才感觉到,在中国找到供应商也许是有可能的,于是提出了对华为进行"详细体检"的要求。这样的合作希望让我们备受鼓舞,欣然答应。但当时我们都没有想到,这一场"体检",会给华为带来怎样巨大的影响。

恋爱谈起来，规矩建起来

2003年11月，BT的认证官格兰先生带领采购认证团，对华为进行了为期四天的第一次"体检"。这次"体检"让刚刚向海外发达市场伸出触角的我们，完整理解了一个国际主流运营商对供应商的要求。

BT认证和考察时，并不和我们事先沟通，而是直接拿着我们提供的全员花名册，随机抽查我们一定比例的员工，用自己的翻译独立访谈和各功能部门业务交叉验证。认证涉及华为业务管理的十三个方面，覆盖了从商业计划、客户关系管理到企业内部沟通的纵向管理过程，以及从需求获得、研制生产到安装交付的横向管理过程的所有环节。

这让我们"大开眼界"，我们从来不知道一家供应商有这么多方面需要关注。

例如"道德采购"一项，BT考察了办公和员工出入的场所是否符合人身安全，认证官甚至还去了员工食堂和厕所进行认证。当他发现从食堂去洗手间的路上有一摊水时，就告诉我们，这样可能会导致员工摔倒，这就是安全隐患。

而且BT不只是考察华为员工的办公和宿舍环境，还延伸到华为的供应商和分包商，供应商和分包商的员工工厂和宿舍也要看。在BT这样的西方运营商看来，一个负责任的公司需要关注这些内容。

另外，当时我们公司的战略管理在BT看来也比较弱。认证官告诉我们，几乎每一个BT员工，不管是高管，还是普通工程师，甚至是秘书,都非常清晰地了解,BT为进一步提升竞争力而提出的"21世纪网络"这个商业计划,并知道怎么在自己的岗位上去支撑它。这样从上到下的执行合力让我们感叹不已,并深刻意识到:"一个企业的成功取决于员工忘我的奉献,而员工忘我的奉献来源于他坚定的信念,而信念首先来自于他的理解和认同,沟通是获得理解和认同的利器。"因此,顺畅的业务沟通也是一种战斗力。

可以说当时真的是无知者无畏,在根本不知道认证的范围和要求的情况下,就去坦然面对经验丰富的BT认证团队,我当时心里也没有谱,但一种朴素的信念和精神一直在心里支撑着,那就是聆听客户,理解客户,并以最快的速度来响应客户。这种坦诚和实事求是的状态也在感染着我们自己,感动着客户。记得格兰后来对我说,你们真的不容易,没有经验,没有积累,但你们确实有很好的团队合作,有很强的学习能力,而且你们这帮年轻人让BT看到了勃勃生机和希望。

"体检"的结果是用雷达图来表述的,每项五分,一共十三项,我们有的项目(比如道德采购、战略管理等)不及格,综合得分是刚刚及格。

看到BT的认证结果时,我真有点汗颜,甚至有点担心BT不打算和我们合作了。没想到BT表示,愿意帮助华为改进,他们的认证团队将每半年对华为进行一次改进辅导和评估。后来认证官告诉我,其实他们感觉华为这个"小伙子"基础还是不错的,就是"脸有点脏,不会穿衣服",所以他们愿意花时间、花成本来教我们,把我们打扮成"英国绅士"的样子,成为合乎要求的合作伙伴。

这次"体检"既让我们看到了公司在管理、流程、产品开发、服务交付等方面与业界一流的真正差距,也更加明确了应该努力的方向。

那时我们已经有了自己的"基本法",还有一些零散的、局部的、不系统的变革成果,参与认证的人员把这些内容都按照 BT 的逻辑进行梳理,并对 BT 提出的要求逐条分析、制订改进计划,成立了各类专项工作组。当时在华为总部成立了一个叫"BT 业务支持部"的组织,由董事长孙亚芳作为赞助人,专门牵头执行改进计划。

2004 年 5 月,我们迎来了由 CTO 带队的 BT 技术交流团,朝着正式开展合作迈出了至关重要的一步。

人穷志不短,力克"高富帅"

这场交流需要围绕 BT 的"21 世纪网络"搭建测试环境而展开。我们从 3 月份开始准备,研发人员辛苦奋战数十天,终于搭建出环境进行预演,却被严重质疑:搞出来的是单纯的技术体验,而不是客户需要的体验。

眼看着交流在即,却要推倒重来,所有人都心急如焚。公司英籍客户经理 Paul 和 John 自告奋勇做了测试彩排"导演",指挥研发、营销人员重新搭建环境,将整个业务体验分成了办公、旅行和家庭三个场景,还准备了剧本台词及剧务说明。整个"五一"大家真正过上了"劳动节",铆足了劲儿进行准备,终于在 5 月 8 日,给客户带来了一场极其成功的体验。成功通过严苛的"体检"认证和这场技术考察之后,我们才算是取得了拿标书的资格。

2004 年 7 月 1 日,"21 世纪网络"项目正式发标。

答标的时候,一线人员还有从深圳过来支持的兄弟们,都住在代表处所在的 Basingstoke 镇子里,那个小镇里还从未来过这么多中国人。我们临时租了很多地方,给行政也带来了巨大的挑战。当时行政的同事经常要拿着很多现金(那时候还没有信用卡)跑到镇上卖手机卡的店里,一买就买一百多张 SIM 卡,还买了很多胡萝卜、芹菜、苹果等给大家补充维生素,因为熬夜太多,大家都上火了。

时间紧急,宿舍刚租下来时只有一张床,欧洲地区部总裁邓涛就亲自给兄弟姐妹们往宿舍送鸡蛋、牛奶,甚至还有卫生纸。

大家经常要忙到凌晨三四点,研发兄弟回去叫不到车,我和唐新兵还有管理办主任、秘书就排班接送他们回宿舍。秘书去办公室接人时,外面一片漆黑,但推开办公室的门,就是一片光亮,里面人头攒动。秘书喊一嗓子:"谁要坐车?"就有人说:"再等等!""马上!""五分钟!"

看到这样的氛围,真是让人热血沸腾,虽然我们资源有限、能力有限,目标看似遥不可及,但所有人都激情澎湃,也不去想最后结果如何,就是全力以赴,奋勇向前。

客户一开始还担心中国人因时差可能会影响进度,却没想到我们能利用时差,让劣势成了"优势"——早上 9 点开始答标,答完后当天把问题总结出来,大概凌晨 1 点,也就是国内 7 点,发邮件回国内,国内的兄弟们上班就开始处理,之后发给我们,我们上午来还能再讨论一会儿。这么算下来,华为可以说是无缝对接,二十四小时都在工作。

记得投标到最后几天,看到专家和团队已经到了精疲力竭的状态,而余下的工作量还很大,我提议搞一次团队活动,希望能够通过放松和沟通,重振团队的士气,结果遭到本地员工 John 和 Paul 的强烈反对,说这么紧张了还搞什么 party?我和唐新兵讨论后,仍然坚持要将一线投标团队全体集中起来,在 Basingstoke 搞一场聚会。

这是一场热烈的聚会，大家在这里奋战快一个月了，其实根本不知道这个队伍都有哪些战友。聚会晚宴期间，大家好好放松，互相交流。我和唐新兵分享了团队的目标以及已经取得的进展，动员大家一鼓作气，冲刺"最后一公里"。这一次聚会极大鼓舞了团队的士气，使得投标工作的最后一个阶段有了更高的效率和质量。

"21世纪网络"是一个跨领域的超级项目，华为倾尽全力，将接入网、传输网、核心网、智能网各领域的八名顶级专家都紧急调到项目组中。整整一个月投标期，一线聚集了一百多人的答标团队，深圳总部也集中了将近二百人的队伍。所有人都全心投入，从标书的专业性到规范性，包括语言和表达、排版方式、字体、颜色等各种细节的统一，到答标中的技术细节确认，都做到一丝不苟。

后来，BT客户收到标书，简直不敢相信，评价道："Almost too good to be true."

不过，我们还来不及开心就傻眼了。紧接而来的技术澄清，要求实在太高——两天内同时开展十三个专题近四十场澄清，这表示每个时间段都有六到七场交流，其中很多领域，我们之前都没听说过。

这简直就像是一次业界最高水平的考试！我们当时就是"游击队"，竞争对手都是"正规军"。压力太大了，因为去交流的人既要懂技术，还要有语言能力，我和唐新兵简直是想破了脑袋去排兵布阵，恨不得把公司所有人才翻个底朝天。

我们主要采用三个办法：第一个办法是赶场，比如说这个专家确实很牛，讲完之后就马上赶下一场。不过就是这样安排也差点出问题，记得当时英国的传输产品经理王晓华连轴转太累，有天早上睡过了点，我们到了会场一点数，怎么少个人，赶紧回去把她叫出来，当时所有人都吓出一身冷汗。

第二个办法是给懂技术的人配一个翻译。

但不管我们怎么搭配，相较于西方厂家和客户交流，我们的能力还差很多，所以我们想出了第三个办法——所有的PPT要在还没讲解时就大概能看懂。我们常常到了现场后先放映PPT，大家都不说话，先看再说问题。我们让研发人员在PPT上做了很多动画效果，让PPT既专业又易懂，这样我们在现场沟通时就容易一些。

那时真是胆子挺大的，我们一百多人平均年龄二十七八岁，但BT接近一百人大部分都是四五十岁的专家。一批黄皮肤年轻小伙子小姑娘往人家花白头发的资深专家面前一坐，因为很少接触高级客户，再加上连着熬夜，仪表上也不太讲究，话还没开始说呢，光看外表就对比明显了。但大家都是一腔热血在搞项目，也没想过人家戴不戴"眼镜"看我们，就是挺直了腰板，去说我们该说的话。

有人可能会觉得英国人比较保守，但接触后，我们发现他们其实很开放。我们当时有些人英语比较差，又缺乏专业翻译，讲到高深的技术问题时，很难用语言沟通，研发的同事就冲上去画图，然后指着图"This""This""And this"地一通比划，BT客户并没有因此就拒绝我们，反而很认真地和我们讨论技术细节。

晚上，大家回到酒店后还沉浸在讨论的氛围中，就像是考完试之后对答案、找对策那种感觉。

后来BT的CTO告诉我，他们真没想到华为能找到这么多既懂业务又懂英语的专家。我们这群初生牛犊不怕虎的"中国精英"，让他们刮目相看。

当BT宣布我们进入短名单时，所有人都大吃一惊。很多人认为，华为是绝不可能拿到这个机会的，但我们把不可能变成了可能。

"备胎"变主力,抱得美人归

"华为进入价值一百多亿英镑的项目短名单"——这个消息迅速传遍了整个通信界,甚至国内的媒体都开始热炒这条新闻,但我们却并没有想象中那么兴奋和欣喜:短名单中的供应商并不只有我们一家,而且我们并非 BT 的主力队员,如果不继续努力,可能就只是"板凳队员"。公司内部也有质疑,说 BT 也就是让我们去凑个数,怎么可能真看上我们,甚至还有人直接劝我,让我别那么认真。

但公司高层领导都很支持这个项目。有一次我们和三家友商、BT 坐在一起讨论基于 IP 的语音电话中间的一些协议,这对我们的产品有很大影响。但由于投标期已过,很多专家都抽回去了,结果在这个会上我们说不上话,变成了 BT 和三家友商的会议。会后我把这个事情汇报给董事长孙亚芳,她要求研发部立刻抽调人员补到 BT 项目组,而且是把当时答标的能人全部派过去;如果支持部门的主管没有把最牛的人配到这个项目里,就是支持不力,主管都有可能要换人。

2005 年 3 月,BT 正式宣布把"21 世纪网络"项目的两个领域给了我们——接入网和传输。接入网,交给我们和日本一家友商做。刚开始我们是"副手",最后却变成了"主力"。从我们 2005 年和 BT 签合同,到 2006 年底有第一个 PO(采购订单),再到 2007 年从"板凳队员"变成主力,差不多经过了两年。

最开始我们之所以是"板凳队员",没有资格上场,主要是两个原因:

第一,BT 的技术要求非常高。这不仅仅是答标时的测试,还指的是它有一个技术引进流程,就是它选了我们这个技术,到应用至少要花六个月到十个月。这期间要按照网络情况搭建专门的测试环境，按照要求进行测试，有问题就得让研发改，改完发版后再测，一直到BT说完全可以。另外，除技术指标外，BT还要测试我们的产品资料。

第二，BT的很多规则非常严苛。比如接入网的机柜有一个锁不符合英国的安全标准，要重新设计，还有室外机柜的颜色要环保。当时华为的机柜都是银灰色的，BT说要草绿色，要和草的颜色一样，能和环境融为一体。于是我们按照草的绿色来刷漆，结果还是不对。原来，BT专门有一个颜色定义，是几号颜色，不是我们认为的那种草的颜色。我们从里到外都按BT的要求重新来做机柜，包括机柜的安全、防雷、颜色、散热等所有细节。

就在这样的千锤百炼中，我们慢慢从"板凳队员"变成了主力队员。这一方面得益于我们对BT需求的理解日益精进，另一方面是因为研发能力更强，我们的一块板卡能抵别人两块板卡！

华为还坚持在管理上持续改进。自从"体检"后，BT每半年都会来看看华为在那十三个领域是不是在改进。当时公司抓得很紧，总裁任正非主持做组织管理变革，华为后来有了EMT（经营管理团队），基层中的决策机制也越来越好，取得了明显的管理改进效果。

而华为在BT取得的成功，不仅打开了市场，还帮助华为建立起良好的机制。BT告诉我们一个产品的定义，我们就有了产品包需求，不只是技术上的需求，还有安全特性、包装特性、可维护特性、用户手册等也都开始涉及了。

我们也在和BT的合作中逐渐懂得什么是帮助客户实现商业成功。以前华为可能觉得做出了一个很牛的技术就算成功，但那只是技术成功。真正的商业成功是从你开发的东西到客户的每一个环节都是舒服、合理的。

无论经过多少挫折和摔打，无论曾经面对怎样的差距和困难，华为人始终百折不回、坚韧不拔。而这一场"英伦之恋"，正是华为迈向全球高端市场的重要开端，从此华为进入了运营商第一阵营，后来陆续突破了沃达丰（Vodafone）、Telefonica、DT、FT等全球著名大T。

现在华为与BT已合作了十多年，为英国将近三分之二的居民提供了高速宽带接入。2016年华为在英国设有十五个办公室，共计一千多名员工。同时与BT的合作也加深了英国政府对华为的信任。2012年9月，总裁任正非与英国首相卡梅伦会面时宣布未来五年将在英国投资和采购十三亿英镑，卡梅伦十分感谢和肯定华为在英国做的贡献。

未来的路仍然很长，我们将继续秉持"以客户为中心"的精神，兢兢业业地为客户服务。

（文字编辑：陈丹华）

| 雪椰：

很多时候，就是那坚持下来的关键一跃，成就了历史。

这样的故事其实随时随地都在全球各处上演，有些正在书写历史，有些正在开启未来，不论最终成功与否，对于每个人而言都是激情燃烧的岁月，对于整个组织而言，就是生生不息传承的灵魂。

其实我不懂你的心：

一个看似遥远如银河般的距离，一个看似不可能的任务，我们仍然做到了。

详尽的描述，显示出我们每一步的执著、踏实、专业和敬业。也许每一个重大项目背后都充满了不为人知的曲折和磨难。喜欢这样的故事，有细节，有温度！

风影横窗瘦：

我们今天的成绩与许多这样细水无声却又波澜壮阔的故事，以及故事里每个浴血奋战的主人公是分不开的。华为是怎样走向世界的，这些故事就是最好的回答。

100339782：

筚路蓝缕，以启山林！

寂寞梧桐雨：

打江山的过程真不容易，真是小米加步枪的精神一步步过来的。什么叫鸡汤，奋斗的故事就是最好的鸡汤。

Redstone：

拿下 BT 实属不易，看似没有队形，却可快速成军，团队作战，攻下目标。向 BT 团队致敬！

TARDIS：

守江山更难，正在做 BT 项目，守的是华为的口碑。

冲击"波"

作者：张继超

2005 年，我二十八岁，进入华为刚满五个年头。有一天，领导说，我们决定搞微波了，你来吧！我就这样懵懵懂懂地走进了微波的研发之路。现在想起来，当时我们这帮人连微波长什么样子都不清楚，真有点不知天高地厚。

抄近道，还是稳扎稳打？

当时刚好临近春节，一个兄弟问我："我们过年要不要加班？"我想了想，说："加班就不安排了，送给大家一个新年礼物——一本《数字微波通信技术》。好好看书，节后我们可要考试哦。"近五百页的"红宝书"，都是枯燥的术语，要在七天内看完，确实有点难为大家。也是在这个时候，我才发现，大学里学的"通信工程""数字信号处理"等课程是多么有用，当时怎么不好好学呢？好在兄弟们憋了一口气，春节后又搞了一个月的封闭研讨，总算是磕磕绊绊入门了。

最开始做方案设计时，大家的想法比较简单，认为在成熟的光传输产品上，加一块微波中频卡就成微波了；但经过分析，发现在带宽、性能和成本方面的竞争力太差，于是想了第二种方案，其中

包括不少超出设计极限的技术点，布局、散热、功耗能否搞定？很多问题悬而未决。

内部争论的声音也非常激烈。坚持第一种方案的认为可以快速推出产品，占领市场。坚持第二种方案的认为，既然做，就一定要做出有竞争力、有差异化的产品，把华为品牌一炮打响。

在明华酒店召开的会议上，传输领导和专家们聚在一起讨论。当时业界的微波不仅带宽小，而且部署分散，安装后就像断了线的风筝，不知道装在哪里，也不知道运行得是否稳定，出了问题也没法维护。大家经过激烈争论，形成了一个对微波发展有重要意义的结论：在提升微波带宽基础上，设计出网络化微波，可以集中管理、集中维护，不管装在哪里，始终逃不出"如来佛祖的手心"。

"明华会议"成为微波发展史上的一个里程碑。会议一结束，我们就马不停蹄地找了整机、结构、散热等领域的十多个顶级专家，在成都封闭一个月，集中攻关。首先解决了新架构的问题，比如我们对模拟中频技术认识比较弱，就从无线引入了专家老赵，让他专攻这部分设计，后来，又陆续请到不少国内有名的微波专家。

摆在面前的另一个问题是，短期内我们没有自己的芯片、射频模块、天线等部件，还是做不出产品。无奈，我们只能把眼光投向外部，寻找合作。然而，谈何容易？我们找了和微波沾边的几乎所有供应商，他们的反应都是："华为能搞好微波吗？"说实话，听供应商说多了，我也没底，但没有办法，只能硬着头皮往前走。

最后，我们还是找到了几家比较好的供应商。结合我们在系统架构上的设计、对中射频技术的掌握，以及在光技术和网络方面的优势，2006年，我们终于推出了第一代微波产品RTN600。

首次和顶级运营商"过招"

2007年,IP化网络建设成为主流,微波焕发了第二春。当时的网络产品线总裁丁耘,带队拜访沃达丰,发掘出IP微波机会点,并推动沃达丰率先启动了项目招标。这是我们第一次面对大T标书,大家都格外珍惜这次机会。

9月,我们来到微波的诞生地——意大利米兰,第一次和客户进行标书澄清。对标会上,我们被客户多次打断,沃达丰的技术负责人E女士甚至不留情面地说,"你们没有完全理解我们的网络架构","你们的产品指标没有竞争力","你们的产品更像是临时拼凑的方案"!我们都很沮丧。好在我们的网络化产品设计理念还是引起了客户的兴趣,争取到了一个月后的补充答标机会。

我们知道,老天爷不会给我们第二次机会了。这一个月,我们上午就窝在米兰的办公室,和一线兄弟重新分析和理解标书,梳理要点,下午和晚上与国内研发团队对表,第二天上午再继续整理和翻译,针对客户提出的每一个疑问,一一给出详细解答。

三十天后,第二次澄清会,我终于顺利讲完了。E女士说:"你们在这么短的时间能够有这样的进步,我很惊讶。"第三次澄清会,我们请了公司欧洲研究所的专家来阐述,E女士终于露出了笑容:"你们的思路和我们一致,这次的会议我很满意。"连续两次澄清会议,我们打了漂亮的翻身仗,也最终形成了微波的设计理念。

这是我们第一次同业界顶级运营商进行对标,过程虽然艰辛,但决定了华为微波能否在未来的IP转型中准确理解市场需求,能否在转型中占得先机,能否实现华为在微波产业"三分天下有其一"。消息传到国内,兄弟们激动得热泪盈眶。

"天府之国"大会战

然而,还没来得及平复内心的激动,我们就要开始产品研发了。沃达丰要求我们七个月内通过准入测试。但按照正常进度,产品开发需要十个月,同时,某关键芯片又是业界首次使用,这更加大了开发难度。开工会上,领导们不止一次地说:"Mission Impossible!但我们没有退路,必须搞定!"为了保障开发进度,兄弟们工作两班倒,没有回家,脸上胡子拉碴的。

2008年5月,版本开发进入了攻坚阶段,整个团队把"五一节"过成了真正的劳动节:写逻辑,搭建环境,讨论方案,为回板调测做最后的准备。5月7日,单板一到实验室,就立即上电调测,但是芯片85X2却像是一只"拦路虎",通宵调测也没能够打通业务,大家都像热锅上的蚂蚁急得团团转。我们当机立断,成立"85X2会战"攻关组,召集硬件、软件、芯片等专家集中攻关,目标是5月8日

实验室挑战版本交付

一定要全线打通业务。

5月8日当天，所有人员都扑在85X2的业务调测上，到傍晚依然没能够打通。看着时间一点一点流逝，大家都非常着急，也顾不上吃饭，围在一起再次讨论，发起新一轮的冲锋。

晚上11点，项目组的小熊灵光一现，提出了一个想法，给大家带来了新的希望，于是再次反复确认设计图纸、软件配置，进行逻辑代码的评审、仿真……代码重新编译，重新加载到单板上，运行……通了！

"通了！通了！这次真的通了！"兴奋的欢呼声充满了整个试验室，每个人脸上露出了久违的笑容。

最"挑剔"的客户爱上了我们

欧洲客户选了中国的大年三十这天开始测试。无须动员，兄弟们主动放弃了春节同家人团聚的机会，7×24小时支持，每天过"两个时间"：欧洲时间和北京时间。下午3点到晚上21点过欧洲时间，同步客户测试；当晚21点到翌日下午3点过北京时间，通宵定位和修改问题，改代码编版本，进行实验室测试和验证。

客户的测试标准非常严格，测试前就把软件版本、硬件版本封存，不允许测试过程中更换版本，出了问题，必须给出明确的定位结论。对于其中一个可靠性测试项，客户专门派人来反复拔插单板，一天拔插上千次，出任何问题就马上叫停，要求我们给出解释。

我们从除夕夜值守到大年初一凌晨4点，刚准备休息一会儿，电话就响了，原来是客户在拔插测试过程中发现了一个问题。一群人迅速集结，经过激烈讨论，终于找出了问题并着手修改，故障原因和修正版本也第一时间发给一线测试团队。

整个测试过程，团队成员一直值守在办公室，累了，就站起来走走，在走廊里打一局桌球；饿了，就泡一包方便面。两周后，我们如愿拿到客户签署的准入测试报告："真是不可思议，测试效果太棒了！我们很满意！"

面对"Mission Impossible"，阿汤哥有先进武器、有极速跑车，能飞檐走壁、能刀枪不入，而现实中，我们的研发兄弟就靠"两个时间"加"方便面"攻克了沃达丰，并以此为起点战胜了一个又一个挑战，让越来越多"挑剔"的客户爱上我们……

引进微波领域的"明白人"

上述成功使我们实现了弯道超车，可以同老牌微波厂家进行对话。然而，在第一代微波产品中，核心部件室外单元（ODU）依赖进口，合作厂家提供的方案，在发射功率、调制模式、性能等方面竞争力不足。不解决这个问题，我们就无法成为行业领导者。

经当时网络 Marketing 部长高戟的推介，我们来到米兰，希望能够找到微波领域的"明白人"，帮我们解决"室外单元的自研开发"与"看清微波的发展方向"这两个问题。Renato 是我们此行最大的收获。

圣诞前夕，在一个咖啡馆，我们同 Renato 进行了第一次接触，双方一拍即合。多少人合适，投资多少，需要多长时间，我们一起讨论了建立微波米兰能力中心的规划。Renato 加入我们后，开始向业界优秀专家介绍华为以及微波发展平台，并凭借他个人在微波领

米兰微波研讨会

域的影响力,组建了一支微波专家团队。他们在架构设计上的经验,让我们少走了很多弯路。

后来,我们在米兰召开了一次技术研讨会,持续了一周多,欧洲专家全程与会。Renato说他是这样说服妻子的——他提前对夫人说:"我准备去中国出差,要两周时间,圣诞节不一定能赶回来。"他的夫人听了很沮丧。过了两天他又对夫人说:"我的行程更改了,不用去中国了,中国人过来开会,只是米兰的两天假期无法休息了。"他的夫人听了非常高兴,说:"太好了,两天假期不休息也没关系。"

2009年,在室外单元自研过程中,Renato非常大胆地提出一种新的"一板"设计方案,这意味着将传统"两板"中的所有器件,布局在面积更小的PCB板上。虽然这种方案从性能和成本上,都将超越对手,但技术难度太大了,对研发团队提出了更高的要求。

在米兰专家的引导下,远在西安的研发团队对新方案的布局、散热、结构件体积和密封性等问题进行了详细讨论……时间过得真快，我们竟讨论了足足四个小时，虽然新方案在技术上存在风险，但我们最终坚定地选择了它。

千锤百炼的微波室外单元

  开发过程更加艰辛。超高频电路设计是业界公认的难题，射频器件的一致性很难保证。微波室外单元使用环境都很苛刻，长期运行在沙漠或冰雪覆盖等极限温度的地区或沿海高腐蚀环境下，对产品的质量要求非常高。

  有一次在高低温测试环境中，微波室外单元出现开不了机的情况。连续几天故障无法复现，大家都非常着急，负责问题定位的同事一刻不停地盯着温箱。一天晚上，他发现一个微波室外单元在低温下复现了问题，立马通知各部门专家，但就在这时，微波室外单元突然"啪"一声又自行启动了，机会就这样溜走了。

  接下来几天，大家只好想各种办法提高问题重现的可能。一天晚上，当温度降到 -45℃时，这个问题居然又像幽灵一样出现了。软件、硬件、射频等部门人员兴奋地集中到温箱前，按照之前讨论的方案进行分析，加电容、调电阻、调整上电时间……经过一番努力，最终揪出极为隐蔽的罪魁祸首——原来是器件上电时间出了问题。调整了时序和参数后，问题迎刃而解。

  单做一个微波室外单元样机，很多公司都能做出来，但要实现批量生产就没那么容易了。第一批模块30%的直通率就让我们大跌眼镜，怎么办？只能每天不断定位问题、调测，一点一点改进。经过四五个月的奋战，直通率终于爬上了85%，后经持续优化，达到95.4%以上，我们解决了批量生产的难题。

如今，不论在－45℃冰雪覆盖的北极圈，还是50℃烈日炙烤的赤道地区；不论在沿海腐蚀严重的拉丁美洲和印度，还是在高海拔的喜马拉雅山区，微波室外单元都在现网稳定运行着。

自研微波室外单元的成功，不仅摆脱了外购的约束，而且在性能、功耗、质量等关键指标上大幅领先。2010年，我们不但拿出了样机，还推出了正式产品，成功打破了外界"华为两年之内拿不出样机的"预言。

跳动着的"华为芯"

每个月，都有几万跳微波设备被生产出来，运输到全球各地，服务着全球几十亿的客户。然而，这些微波产品跳动的还不是"华为芯"。

我们决定启动自研芯片和算法的研究和开发，这又是一条坎坷崎岖的路。当时，我们和业界Top芯片供应商谈判时，他们说："以你们当前的能力，短期内不可能把微波中频芯片做出来。"他们的话如钢针穿心，但也像一针鸡血，激起我们研发"华为芯"的斗志。

为此，Renato和欧研的专家、海思团队、算法团队和产品设计团队坐到了一起，组成了成都、西安、米兰跨地域攻关联合团队。

没有任何技术积累、没有任何经验可借鉴，异常艰难。还记得2010年11月底，距离首款自研modem芯片产片还有一个月，测试发现相噪、相跳关键性能距离友商产品差距较大，无法商用，无法按期投产，大家的压力都非常大。

然而，我们在二十一天时间里，通过分析和提取相噪、相跳发生的图样，创新性地提出线性差值算法的解决方案。这个方案使芯

沙漠中的微波设备

片性能大幅提升,超越友商,成功让微波跳动着"华为芯"。而自研芯片的性能大幅领先,不仅把成本功耗都降低了一个数量级,还打破了友商独家供货的局面。

  当然,光有产品竞争力还不够。交付做不了,卖得越多,灾难越大。2011年底,我们中标印度尼西亚和记一万多跳微波项目,原计划三年交付,客户要求一年半完成。之前的项目规模也就几百上千跳,规划和变更通过纸面或 Excel 表格都能很好管理,但当规模超过一万跳时,一个简单的计算,Excel 就直接"跑死"了。

  开发工具刻不容缓。我把工具团队人员都叫到印度尼西亚跑站点、跑库房，在现场梳理工具需求、写代码；每完成一个功能就找一线试用，效果出来就组织合作方培训和推行。就这样，微波的工具开始逐渐形成体系，后来，在全球一百多个项目上应用，成为微波交付的利器。

2012年底，印度尼西亚和记项目成功交付，和记集团CTO发来了感谢信。看着邮件里的每一个字，我的双眼模糊了，成功真的来得太不容易了……

在一代又一代微波人努力下，华为微波像"薇甘菊"一样快速成长，到2015年已连续三年实现市场份额第一，服务于全球几乎所有的大T。原本要用几十年做到的事，我们竟用短短几年做到了。我有幸参加了一个产品从落后到追赶、到行业领导者的全过程。一个人短短一生中，能有几次这样的经历呢？

（文字编辑：江晓奕）

数据浪潮上的 IP 雄鹰

作者：盖 刚

"中国芯"点燃"冬天里的一把火"

2000 年，二十二岁的我本科毕业来到深圳，成为华为一名硬件工程师。因为工作努力，很快成为交换机 S8500 产品的项目经理，研发出华为交换机的第一个 10G 以太网接口。2003 年，我又调入了 IP 核心路由器团队，从此与路由器结下不解之缘，开启了我在 IP 路由器的十几年奋斗之旅。

进入 IP 之后我才了解到，IP 技术是一项非常高端的技术，到目前为止，全球也只有为数不多的几家厂商掌握这项技术。而回到 2003 年的华为，我们还处于不断追赶国际先进水平的阶段。限于技术积累不足，当友商在路由器市场上开始推销 40G 新产品时，我们只有 10G、20G 老产品。客户对我们不屑一顾，市场一线的同事们对产品竞争力落后抱怨很大。一开始我们的路由器没有自己的 IP 芯片，不得不从西方厂家外购，而外购的芯片往往在功能、规格上比友商落后一代。于是公司下决心要发展自己的 40G IP 芯片，掌握核心技术。

40G 芯片凝聚着我们对整个 IP 网络的理解、定义和构想。为了在规格和性能上大幅提升，我们采用了全新的架构、算法，以及几亿

数据浪潮上的飞鹰

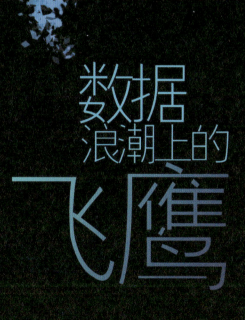

门电路、业界最新的半导体工艺,同时也面临了前所未有的技术挑战。

团队成员很多是新加入的,分布在北京、深圳、成都和海外等地,大家边干边学,在奋斗中成长。大容量表项的算法优化、物理设计的极限约束,一度使团队深陷困境。我们集中了芯片、软件的专家和骨干,联合攻关。第一次采用了套片建模仿真性能,以及虚拟布局布线的方法,对设计方案进行了充分的模拟和验证,最终攻克了技术难题,铺平了后续芯片开发和应用的道路。

2009 年底,40G 样片试产完成准备调试。大伙一商量,干脆都集中到深圳,第一时间让核心路由器装上"中国芯",快速提升产品竞争力。

春节前一周,40G IP 芯片从工厂一下线,就被争分夺秒地送到深圳研发中心实验室里,开始上板调试。大家围坐在一起,遇到问题马上讨论,有问题立刻修改。实验室里一会儿讨论得热火朝天,一会儿安静得只能听到键盘的"嗒嗒"声。夜里 11 点钟,40G IP 芯片实现首个数据报文转发成功,随后一个又一个测试用例顺利通过。深夜了,大伙的兴奋劲儿还未消退,在实验室精神抖擞地测试。领导心疼大家,赶大家回去休息:"芯片关键用例已经测试通过,先回去好好睡一觉,明天再继续。"

大年三十晚上,在公司附近的一家酒店里,固定网络产品线总裁查钧和我们一起过大年。他把父母、爱人和女儿都一起带来了,四岁大的女儿满心欢喜地和爸爸一起表演节目,唱起了国歌。渐渐的,大家都跟着唱起来。随着歌声越来越大,很多人的眼睛湿润了……那个晚上大家又哭又笑,喝了很多酒,唱了很多歌。一个万家团圆的传统节日,一群热情的年轻人,一个"让核心路由器拥有更强中国芯"的梦想,点燃了"冬天里的一把火",也点亮了我们一颗颗年轻的心。

2010年春节一起吃年夜饭

大年初一,我们去了一趟深圳华侨城风景区,作了短暂休整,第二天又投入到紧张的芯片调试战斗中。年初八,全国人民正式上班的第一天,我们按时交付了核心路由器第一代 IP 芯片。

自此,华为核心路由器的"中国芯",全面具备了赶超世界一流 IP 芯片的能力,路由器硬件竞争力显著提升。在芯片众多关键技术点上的突破,使我们掌握了核心技术,真正具备了赶超业界最佳水平的能力,为后继在 400G 上的超越打下坚实的基础。

即使许多年过去了,每每想起那个春节,那些一起唱过的歌,一起吃过的年夜饭,想起和大伙儿一起奋斗的日子,还是心潮澎湃。

挺进集群路由器三家俱乐部

岁月匆匆而去，挑战滚滚而来。为了赶上中国电信国家干线网络核心节点的建设，作为产品负责人的我接到任务：一年内做出集群路由器。

国家干线网络的核心节点作为区域信息交换中心，负责周边多个省份城市的流量汇集和转发交换，数据流非常大，而且每年以50%速度持续增长。单机框无法满足这些超级核心节点容量快速增长的要求，只能通过多个单机框级联方式，组成一个大的集群系统，支撑网络扩容演进。长期以来，多框集群系统被美国公司把持，广泛应用于很多国家的国家干线网络。作为全球最复杂的IP系统，集群路由器代表了一个设备厂商最高的IP技术水平，毫不夸张地说，是IP领域的"珠穆朗玛峰"。

公司对集群项目很重视，给予很大支持，在架构设计阶段，快速集结了十多个跨领域专家："硬件大牛"大军、交换网专家小杨、主控专家老周、软件SE老范和毛师傅、整机专家大田等，阵容相当豪华。在北京研究所的一间会议室里，七八台电脑，两三个白板，大家开始了集群路由器的架构设计。

集群路由器技术难度大，由传统的一台独立设备变成了8+64集群系统，硬件和软件复杂度均是成百上千倍地增加，这意味着现有知识和架构无法满足要求，必须从头开始。手头可参考的材料极少，只能靠专家们多年的积累去碰撞和讨论。会议室的白板成为最稀缺资源，大家突然蹦出的一个点子要快速画下来，不行了擦掉，擦干净了再画。一次次思想的碰撞和一个多月内部反复讨论，最终经过

IP 领域 Fellow 邓抄军的评审和拍板，我们自己的路由器集群系统架构诞生了。

产品正式研发过程中，我们遇到了从未想象到的艰辛。太多新技术是首次应用，中央框、级联光纤、集群控制平面、分布式计算……都是新的，有大量技术难点需要攻克。集群中央交换框第一批硬件返回后，由于系统设计偏差，导致大批单板倒针和坏板，工作一度无法开展下去；底层 VxWorks 操作系统不支持集群形态，软件被迫进行大规模切换整改；集群系统板卡数量成倍增加后，软件性能严重下降，不得不进行多次优化……

在最艰难的时刻，我们就给大家鼓劲儿："把卫星送上天的只有四个国家。目前能做出全球最复杂集群路由器的只有美国的两家公司。如果我们能把集群路由器做出来，就进入全球仅有的三家集群俱乐部。多牛！"当大攻关进入困境，甚至一度想要放弃时，想起这些话，大家咬咬牙就坚持下来了。

有人说这是"画饼"，有人说这是"吹牛"，有人说这是"梦想"，但不管怎样，人总是要有梦的，总是要追梦的。吹过的牛皮都实现了，那叫真牛。但光靠吹牛可不行，一步一步拼才是实实在在的。

进入系统联调阶段，一套路由器集群系统测试动辄需要几百上千个端口，对仪表资源需求巨大。但资源有限，项目组就两班倒攻关，解决问题，做到人休设备不休。一帮人晚上加班干得热火朝天，也饥肠辘辘，开始只能靠吃方便面充饥。负责集群系统硬件测试的主管陶淳的父母正好在深圳，老两口是东北人，每晚9点半做一锅春饼，送到公司门口，再由陶淳拿到实验室，每天雷打不动。兄弟们吃得那叫香啊。后来项目组流行一句话："吃完一锅春饼，解决一锅问题。"攻关结束后，大家最想念的是陶淳的父母做的那一锅春饼。

也就在那个节骨眼，我的女儿出生了。在医院里，我一边为女儿的出生感到喜悦，一边为项目的进度着急。妻子看着我不停打电话接电话，就说："你赶紧去看看你的'儿子'，这儿有爸妈照顾，你就放心吧。"我看妻子这么善解人意，赶紧回到了工作岗位。同事遇到我问："怎么这么快就回来了？"我顺口说了一句："这里也有我的孩子，离不开啊！"的确，大家把这款产品当作亲骨肉，倾注了大量心血，背后更有来自每位家属默默无闻的理解和支持。

集群系统的开发难度，远超我们预期。项目进展几次延迟，市场一线传来工作联络单，要求加快进度，必须通过当年运营商集采入网测试。这让我压力倍增。运营商集采测试堪比高考，一次测试机会，考试时间是定死的，只有通过测试才能参与第二年网络建设；一旦测试不通过，就要回家准备一年后再来。

失败意味着我们将错过电信骨干网络建设的契机，对整个团队士气无疑是巨大的打击。狭路相逢勇者胜！最终我们的团队顶住巨大的市场压力，集群路由器首次亮相广东电信研究院，经历了长达三个月的大压力、满规格测试，顺利通过，拿到了进军国家骨干网络市场的入场券，正式成为集群路由器三家俱乐部中的一员。

直到今天，妻子还会开玩笑地问我："你在公司的那个'儿子'现在怎么样了？"我告诉她，我那"儿子"可有出息了！西安电信的全球首个核心路由器2+4集群成功商用，吹响了我们进军国家干线核心节点的号角；2013年全球最大容量集群搬迁工程——中国联通"1·69"无锡节点的成功搬迁，证明了华为不仅有能力新建集群路由器，还有能力搬迁。

各大运营商的核心节点、国家骨干网都有华为集群路由器的身影，华为占据了中国国家骨干网络的半壁江山，为国家信息网络建设保驾护航。其实我更想对家人说："感谢你和项目组所有家属们，没有你们的理解和支持，我们不可能度过产品设计最艰难的时段，不可能打造出全球最尖端的 IP 集群系统，军功章有我们的一半，更有你们的一半！"

千锤百炼的IP软件操作系统

有些事使人难忘，有些人令人敬重。

IP 网络的另外一个核心竞争力，是运行在路由器设备上的 IP 软件操作系统 VRP：在硬件竞争力提升的同时，还要考虑软件竞争力的提升。

一开始，在设计新一代 IP 软件操作系统 VRP8 时，整体方案讨论了很多次。一部分专家认为，在原有操作系统的基础上持续演进；另一种观点认为，老的系统已经不能支持新的客户对网络性能的要求，需要重新开发一套软件操作系统。经过严格的论证和慎重决策，我们最终选择重新开发一套系统，支撑公司 IP 操作系统的长期发展，成为公司网络设备下一代软件平台。

于是，二十一名架构师就在北京研究所集结，正式开始做架构设计。每个架构师立下的"军令状"被封存到一个精致的水晶相框里，上面写着："我郑重承诺全身心投入，为 VRP8 架构质量终身负责！"

大家来自五湖四海，来之前都是各领域的顶级专家，个顶个的牛。这些专家从骨子里都有着相互比比看、"谁更强"的念头，把架构当成工艺品，反复雕琢，精益求精。评审过程非常严格，大家把"精"做到了极致。每一次方案的评审，架构团队总是能够提出更高的要求，一口气追问你十几个为什么，直到被问得哑口无言。有些专家脸皮薄，夺门而去，闭门练功，以图下次前来"雪耻"。

2010年夏天，VRP8软件操作系统迎来它人生中的第一次大考——济南商用实验局。对于VRP8的首次上网开局，产品线部门非常重视，担心客户对"第一个吃螃蟹"有顾虑，于是让黄河带着几位专家去济南考察商用环境，与客户交流，给客户讲VRP8先进性和可靠性、开局风险及应对预案，最终济南客户同意了。2010年9月9日凌晨，全球第一个VRP8商用局在济南电信割接上线，稳定运行。这次成功开局大大提升了VRP8的团队士气，证明了VRP8架构是经得起考验的。

2010年底，核心路由器承载VRP8的软件版本，首次亮相国内运营商的高端数据集采测试，在路由协议收敛性能、协议倒换时间这些历史上落后的性能项目比拼中，排名第一。VRP8软件操作系统从诞生之日起，就瞄准了IP网络操作系统性能第一的目标，高标准、严要求，一开始定下的各项最高目标都达成了。很多架构师在回忆这段激情岁月时，激动之情溢于言表。

厚积薄发，核心路由器400G激情超越

2011年底，我开始担任路由器产品线总裁，摆在我面前的首要问题，是如何超越。

4K、2K视频和云业务的到来，运营商对带宽的诉求越来越高，要构建像太平洋一样宽的管道。我们在芯片、软件操作系统以及路由器集群的十多年压强投入，已然具备了做到业界领先的研发实力。能否抓住这个千载难逢的历史机遇，厚积薄发，实现几代IP人的超越梦想？

2012年夏天，北京异常闷热，北京研究所在西山脚下的大觉寺——这座有着几百年历史的古刹，红墙绿树，禅意十足，可以让人静下心来——讨论超越大计。产品线市场、MKT、研发的管理团队成员齐聚一堂，进行了激烈讨论。

MKT通过竞争分析得出判断，如果我们将400G核心路由器上市时间比原计划提前半年，我们就有机会在400G时代实现超越领先。然而有人认为这是Impossible Mission（不可能完成的任务），要做的任务太多，不可能再提前半年交付。

经过一天争论，产品线达成共识。十多年来，我们在IP芯片、软件操作系统的持续投入，具备了世界第一的实力。即使MKT提供的竞争分析只有50%把握，我们也要全力争胜。错过这个机会，我们将抱憾终身。

我们决定砍掉与核心路由器400G不相关的需求，聚集研发资源，饱和攻击，至少提前半年商用上市，实现400G的超越领先。

会议结束后，我们一起在大觉寺吃了一顿斋饭，感觉比吃肉还香。大家看到了全力一搏超越的希望！临行前，我们一起在大觉寺门口合影留念，称"400G超越了，要记得是从这一天开始的"。

按照研发能力，核心路由器400G产品要到2013年下半年才能达到商用标准。现在交付时间提前到当年5月，对研发团队无疑是很大的挑战。需要400G芯片导入一次成功，硬件投板一次成功，软件开发效率大幅提升！如期实现预定的时间，研发团队提出了"零调试、零等待、零缺陷"目标。

为了真正把芯片开发和产品导入融为一体，研发团队提出了"One Team One Dream"口号。加拿大的400G芯片架构师Paul Nadj总是说："遇到困难，我们就要回退一步，想想问题的核心是什么，根因是什么，仔细分析找到关键，猛击痛点。"经过一丝不苟的工作，关键技术点快速收敛，质量得以保证，为芯片产品化落地打下坚实基础。

2012 年 10 月 8 日，400G 芯片到达深圳实验室。在芯片回片九个小时后，我们就完成零调试的既定目标，大家都很兴奋。2012 年 10 月 25 日，在相同的实验室，驱动软件、芯片、转发软件、上层软件等各领域团队骨干早已齐聚一堂，紧张的 400G 软硬件联调开始了。时间一分一秒过去，第一天 CPU 小系统启动运行，第二天 NP 调通，但是到 TM 却卡住了。所有专家们聚集在白板前，逐条列举各种可能，逐条分析和验证，终于打通了所有关节。看着仪表上跳动的收发包计数，丢包数稳稳地定格在"0"，在场人员激动不已，击掌相庆。

2013 年 5 月，路由器 400G 产品比原计划提前七个月商用，比友商领先了一年半。

同年 8 月，400G 核心路由器在沙特成功开局商用，震撼了全球运营商市场。据专业评测，华为 NE5000E 路由器 400G 单框与业界同等容量的 2+4 100G 集群路由器相比，功耗仅是后者的 1/8，体积仅 1/6，重量仅 1/12，在技术可获得性上领先了业界一年半。华为再一次以历史最好成绩跑赢了这场高手之间的竞赛。

华为 400G 核心路由器以其领先的线卡能力、更高的性能、更低的功耗以及安全可靠的质量，成为国家最高端数据干线的主力设备，结束了国干核心路由器依赖欧美厂商的历史，并引爆了全球市场。

截至目前，华为核心路由器 400G 已在全球五大洲六十多个国家和地区应用，服务于十几亿人口。华为 400G 核心路由器的成功是勇于抓住机会、厚积薄发、坚韧不拔的胜利。十多年来，IP 几代人在关键技术上聚集力量、压强投入、密集投资，最终抓住了机会，实现了超越的梦想。

2016年西班牙巴塞罗那世界移动通信大会上华为的路由器展台吸引了众多客户前来参观

致青春：执著与梦想

2016年西班牙巴塞罗那世界移动通信大会的展台上，华为新一代P比特级核心路由器NE9000，以及业界迄今最快的2T比特路由线卡首次亮相。当看到全球TOP运营商CEO、CTO在新一代产品前驻足停留、听取汇报、表示出赞许和肯定时，我的自豪感油然而生。凭借我们最新一代IP芯片和多个关键技术的突破，华为的IP产品进入"无人区"。

蓦然回首，因机缘巧合我进入了IP通信这个领域，没想到一干就是十几年。这十多年来，我们坚持在IP芯片、软件操作系统、路由器集群系统等核心关键技术上聚集力量、密集投资，我们努力追赶竞争对手、隐忍坚守、厚积薄发，最终抓住机会，实现了400G超越梦想——此时此刻，心中燃起几许豪情，几多喜悦，又有几分感慨……

以前常听人说："通信行业太残酷了，你根本无法预测明天会发生什么，下个月会发生什么。"当时不觉得，如今身临其境，我才明白这句话意味着什么。在这样高科技含量密集，又竞争激烈、变幻莫测的行业里，每个玩家当初都自信满满、实力雄厚，可走到如今的还有几家？我一直在想，是什么让我们最终实现超越，摘到了胜利的果实？是什么让我们愿意为不确定的未来努力奋斗？又是什么让我们十几年如一日地执著坚守？

我想，是华为公司给我们搭建了一个巨大的舞台，包容成长的代价，持续投资、压强投入，让我们尽情演绎华为 IP 的乐章；我想，是爱，是我们的家人、可爱的同伴给了我们一片温馨的港湾，彼此温暖，相互鼓励，让我们熬过孤独、迈过坎坷，拥抱晴朗的天空；我想，是一群怀揣梦想的年轻人，为了"做世界第一的产品"无怨无悔地挥洒着青春热血，即使再苦、再累、再艰辛，也一往无前。

我们的青春，是天边执著的飞鹰，选择了蓝天，也就选择了飞翔，飞向远方……

（文字编辑：龚宏斌）

心声社区 部分网友回复——

今天穿羽绒服：
研发构筑了产品不可模仿的竞争力，为研发兄弟点赞！

攻过城的狮子：
路由器的成长，是华为的一个缩影，从逐梦到筑梦，从追赶到超越，研发的兄弟们在没有硝烟的战场上用灵性、韧性打造出一个个精品。

手里有刀：
这个浮躁的社会，咱们都是务实开拓世界的英雄。老主管、老专家值得尊敬，新一代力量一定做好接力，使命必达，超越世界，超越自我！

芳菲 2015：
有故事的人生才完整。真希望自己的产品也能载入史册！用自己的努力改变世界，改变历史！从做好手头工作开始，加油！

放羊的猩猩：
作为亲身经历过这些故事的一名普通 IP 人，以后可以骄傲跟孩子说——爸爸不是英雄，但有幸和英雄一起战斗过！

无履仙人：
只有奋斗过，才不会后悔。梦想要有的，万一实现了呢？

三水人家：
IP 所有研发交付人员，所有的努力才换来现在良好的局面。更期望企业网 IP 业务雄起，真正占领 IP 市场！

北极圈边的坚守

作者：舒建珍

时光如白驹过隙，未曾想我在华为的职业生涯，有八年都在冰岛度过。当年还是毛头小子的我，如今已是一个孩子的父亲。青春虽逝，激情尤在，没有轰轰烈烈的故事，我只想拾起片片回忆，珍藏留恋。

缘起：踏上冰岛

我是相信缘分的。2007 年 8 月，参加公司大队培训时，我拜读到总裁任正非的文章《美丽的冰岛》，让我对这个北极圈边缘的国度心生向往。大队培训后，我被分到长沙代表处 BSS（Business Support System，业务支撑系统）开发部海外项目组。不久，项目组让我去中东某国支撑项目。也许冥冥之中自有天意，就在办理护照之际，由于冰岛项目组缺人，我临时被抽调到冰岛救急，从此与冰岛结下了长达八年的不解之缘。

2007 年 12 月，寒冬时节，入职不到四个月的我，踏上了去冰岛的征程。当时心情有些复杂，既激动又害怕，激动的是，终于实现了梦寐以求的出国梦；害怕的是，不知道自己能否胜任这份工作，

北极圈的边的坚守

毕竟语言沟通、系统不熟，这些对我来说都是巨大的挑战。

临近冰岛，飞机穿行于朵朵白云间，远处深蓝的天空，格外纯净，这让我紧张的心情得以短暂放松。冰岛接近北极圈，其首都雷克雅未克更是全世界最北的首都，早闻有极昼极夜现象。下午3点抵达，天早已黑了，我终于感受到了传说中的极夜。

与客户携手共进

刚到冰岛，项目正处于友好用户测试期，由我与另一位同事接替中方的交付员工，负责CBS（Convergent Billing System，融合计费系统）、PRM（Partner Relationship Management，运营商伙伴管理系统）、Mediation（适配层）等网元的维护。CBS是整个BSS系统的核心，是客户收入的来源，当时设计灵活但问题颇多，资料少、难以维护。客户称它为"Monster"，意思是什么都能做的怪物，就是不能驾驭。我每天抱着电脑处理各种系统问题，为了配合国内时差，加快问题处理速度，经常在冰岛的凌晨，也就是国内上班时间和同事远程讨论问题。遇到重大问题，通宵也是常有的事。

有次项目组聚餐，我刚准备用餐，就接到客户的电话通知，有用户充了值但打不通电话，需要立刻处理。我放下餐具，找服务员要了一个小房间，通过手机共享上网接入客户系统处理。等问题处理完，聚餐早已结束。

还有一次过圣诞节，刚开火炖啤酒鸭，客户打电话说WISG（Wireless Integrated Service Gateway，无线综合业务网关）出现问题，不能上网。我十万火急地驱车前往机房，因走得太急，忘记关火，回来时啤酒鸭已经变成烤炭鸭了，万幸炉灶是钢化玻璃做的，才未造成危险。

另一次回国休假,刚好赶上出账期,当时系统存在一个隐藏比较深的问题,会出现会话死锁、内存溢出,轻则话单写入延时,重则导致所有话单丢失,所以客户出账时需要我人工协助处理该问题。而我在农村的家中没有宽带,只能去镇上订了两天酒店远程处理,与客户一起完成出账(运营商最终用户的话费账单)。

我们就是这样践行"以客户为中心"的,发现问题,立刻响应。虽然有时很累,但付出是值得的。正是由于我们的出色表现,客户对华为更加信任,连续签了三年的计费协维合同。2011年,双方又签了长达五年的总体(无线+核心网+业软)维保合同。2015年年底再次续签,华为成了客户事实上的独家供应商。

彼此信任,携手共进。客户的业务也发展得顺风顺水,从2007年初创立的一个小公司,成长为如今的冰岛第二大移动运营商,数据业务也发展得如火如荼,网络流量占比60%。当然,这种成功,除了华为的支持,还有一个重要因素是客户开放的企业文化。每周客户高层都要和所有员工在餐厅一起开例会,说说业务进展,遇到问题大家群策群力,胜利的果实与大家分享,优秀的事迹及时表扬,所以他们的员工干劲十足,充满活力。

此外,客户对我们也非常照顾,为我们免费提供办公室、赠送水果还有电影票。我们就像一家人一样,为了一个共同的目标一起努力。每每看到客户取得一个又一个的胜利,我都非常自豪,因为我也是其中的参与者。最让我感动的是,2015年6月,客户CIO为了感谢我的八年坚守,还提出把即将上线的CBS新系统命名为"XiaoShu"(小舒),以纪念我将要出生的孩子。

欧洲的"艰苦国家"

冰岛位于欧洲最西部,素以美丽纯净著称,境内八分之一面积被冰川覆盖,还有两百多座火山,特殊的地质、地貌吸引了无数观光客。但长居于此会发现,这里气候寒冷,即使到了"最热"的夏天,也要穿上秋装才能保暖。同事常调侃,一年到头一件羽绒服足矣!

冬季的极夜,暗无天日,一天经历"四季",早上阳光明媚,转眼刮风下雪是常事儿。海风凛冽刺骨,路面冰冻,出行十分不便。有一年地区部交付副总裁到冰岛拜访客户,就在离开时遇上了暴风雪,导致机场高速封路、航班延期。

相对于气候的恶劣,生活上的诸多不便才是最难克服的。吃饭是最大的问题,没有食堂,只能自己做饭;公交不发达,只能周末去买菜,常常拎着一周的"口粮"顶风前行,特别在雨季的时候,一不小心便成了落汤鸡。

冰岛食物品种单一,蔬菜水果的种类屈指可数,而且物价偏高。有次和同事讨论,和国内物价相差最大的是什么,得出的答案是豆腐——国内一块钱的豆腐,这里能卖到五十块!由于上班的地方离宿舍较远,中午为了节省时间,我一般是头天晚上做两份饭菜,留一份第二天带到办公室当午饭吃。就这样,这种剩饭连续吃了好几年。

理发也不是件容易的事。贵就不用说了,由于人口稀少,当地理发师水平只能算业余,除了平头,稍微复杂的发型都不太搞得掂。更困难的是沟通,我们说的和理发师理解的总不在一个频道。为了解决这个难题,我只能从国内带些理发工具去。头几年,同事可以相互理发,从生疏到熟练,还真不比理发店剪得差!到2012年,中方就只剩下我一人孤军奋战了,只能自己对着镜子慢慢剪,日复一日，造就了给自己理发的独门绝技。

2008 年，有领导来冰岛拜访客户，顺便找我们几个中方员工访谈，说到冰岛如此艰苦，有要求尽管提出来，有机会可以让大家去其他国家放松一下，休个假。当时好感动，有领导的关怀，同事们工作热情高涨，但事后我们并没有这么做，我们觉得冰岛并没有那么苦。

执着的坚守

2008 年 6 月，项目正式转维护，我们与客户签订了现场协维服务与维护合同，共有四人负责项目的系统维护。项目维护经理老陈负责客户沟通，我和小康负责协维，波兰人 Michel 负责数据业务的维护。

最初还是挺热闹的，我们会经常一起去泡温泉、聚餐、玩扑克，日子过得不算单调。后来人渐渐就少了，第一个离开的是老陈，不到一年就走了，第二个离开的是帅小伙 Michel，他走后，又来了位同名的 Michel，工作了大半年就因为无法忍受和女友两地相思而离职。小康作为同组里唯一的女生，在经历和男友长达五年的跨国恋之后，也回到国内做了产品服务工程师。

所以，在冰岛，要想长期留住其他国家的员工是很困难的。我们也尝试过在冰岛招聘本地工程师，面试了好几个，最终还是以失败而告终。冰岛人口才三十万，在职的就不多，干通信这一行的人就更少了，所以在没人接替的情况下，我只能留下来，一待就是好几年。

而让我印象深刻的还有一件事。2013 年 5 月，东北欧地区部总裁鲁勇来冰岛拜访客户，这是我第一次见到他。他在了解我的实际困难和客户对我的褒奖后，曾多次表扬过我，还在地区部年会上宣传。自己的付出得到别人的认同，也更加坚定了我艰苦奋斗的决心。

相隔万里，收获爱情

常驻海外的华为人由于圈子比较小，工作比较忙，往往很难有时间和机会谈恋爱。眼见同学朋友相继报喜，我心里难免失落。

那时的我，每年回国也被安排相亲，但大都不如意。也许缘分天注定，我去见了一位聊了两年的网友，两人相谈甚欢。回到冰岛后，我们常常聊天到忘记时差，从此孤独的守望者不再孤独……

2012年，经过了几年的异地恋后，我们领证了。我也就此"脱光"（脱离光棍）。那一刻，我是幸福的，我既有喜爱的工作，又有漂亮贤惠的妻子，还有什么遗憾呢？当然，现实也是"骨感"的，婚后我们过着牛郎织女般的日子，聚少离多，家里大小事务都落到妻子一人身上，照顾父母、买房、装修……我远在万里之外帮不上忙，就常常在网上买些东西逗她开心。

2015年12月，女儿降临，从此我心里又多了一份牵挂。然而因为工作原因我没能陪伴妻子生产，不能不说是一个遗憾。幸而妻子不仅没有责备，还安慰我说："来回一趟不容易，就安心工作吧！"

再次缘聚冰岛

2013年，公司开始推行远程交付。华为罗马尼亚全球技术支持中心开始具备承担CBS维护的能力，我将手中的维护工作转交出去，投入到地区部的交付工作中，其间到过丹麦、瑞典、捷克、罗马尼亚几个国家，由于有之前的知识储备，项目做得还算顺利。

2014年11月，因为冰岛CBS系统与短消息中心需要升级，我被售前同事及客户点名去交付该项目。一是我对现网络熟悉，二是

幸福

  多年的沟通与相处，客户对我十分信任。就这样，离开一年后，我再次踏上冰岛这块净土。

  而今在冰岛的项目已接近尾声，带着浓浓的眷念与不舍，我即将离开这个带给我爱情、婚姻、家庭的国度，也许再不能体会到一个人无助时，只能遥望星空、辽阔的冰天雪地、广阔海洋的感觉了。

  繁华都市，花花世界，再也没有像冰岛这样宁静祥和、远离尘世的国度。八年的守望即将结束，我也将投入到地区部其他项目。但在冰岛经历的一切一切，已融入我的生命与血液中，成为我继续前行的动力，也是我人生中最难忘的一份记忆和财富。

（文字编辑：肖晓峰）

心声社区 部分网友回复——
华为人的沟通家园

| less :

让我想起了 N 多年前,一个人走遍了巴基斯坦。一个人去车站坐大巴(韩国的大宇车),去货场分货;晚上、凌晨和本地员工把基站送到安装站点,饿了路边买一个馕,累了就找个 BTS 机房休息一下;四十多度的高温住的地方常常停电,一到晚上蚊子、苍蝇满屋飞。由于在下边测试,住宿、吃饭甚至安全都无法保障,经历过爆炸、车祸(本地员工去世)等,其间一个人去过白沙瓦、拉合尔、费斯拉巴德、马丹、Multan、克什米尔等很多地区。现在回想真是历历在目,感慨万千。

| 瑞:

在自己坚持的路上奔跑,跌倒,爬行,再奔跑,这就是华为人。

| 一切都是那么自然:

从青涩到老成,冰岛经历也是我一生中难忘的回忆。祝福小舒,祝福曾经的战友,以及所有奋斗的同事。

| 飞车:

赞一个!好汉!东北欧冰岛的舒建珍是地区部一位非常优秀的员工,他从 2007 年开始,就一个人独自在冰岛开拓市场。直到现在,整整八年。他经历了漫长的孤独与寂寞,战胜了恶劣的市场竞争环境,始终坚持不退缩,最终赢得了客户信任,实现了市场的突破。他一路走来,始终对赢得发展充满信心,并在伴随东北欧经营从低谷走向山顶发展的同时,也实现了自我的成长。冰岛虽然是一个高福利国家,但没有人能给华为人以优待,面对市场竞争残酷、格局坚固、客户颗粒小、成本狂高的环境,唯有靠华为人自己的奋斗去攻克艰难,赢得无数小颗粒客户的认同。

🌐 **西安达人：**

华为公司的脊梁，维护兄弟的骄傲！平凡的工作与生活，却有着不平凡的贡献。

🌐 **哈达：**

小舒的故事不是比生活环境的艰苦度，而是讲在市场竞争环境极其残酷的形势下，如何坚守不退缩，如何通过艰辛努力，踏踏实实、一步一个脚印地为客户解除痛点，尽心为客户服务，进而获得客户认同、取得市场突破、改变市场格局、赢得市场绝对份额！恐怕华为需要的更多的就是这样执著的人！不管环境如何，没有执著坚持不退缩的精神，是赢不来市场的！

🌐 **难民营营长：**

华为的士兵许三多！

🌐 **正南太守：**

我们在赤道附近的干旱沙漠地段，人类社会发展最迟缓的国家。伴随着国家政局动荡、常年战乱和国际原油价格下跌，我们在恶性通胀全球第一的地方跟客户同样在坚守。想想，头上的空气或浊或清，但，我们都在！

🌐 **热凉粉有没有：**

让我想起在北非坚守的八年，在苏丹、埃及、阿尔及利亚、塞内加尔、摩洛哥，马里，尼日尔……的日子，想起了第一次离开祖国土地的忐忑，踏上非洲热土苏丹的新奇、陌生和被深深记住的热浪、干燥。每一个海外奋斗的兄弟，都是一本激情飞扬的书。

心跳墨脱

作者：王文征

进入西藏墨脱开局，是我生命中一次神奇的经历。作为西藏电信扩容五期工程的一部分，2004年，为国内当时唯一不通公路的墨脱县开通卫星传输基站的任务，落到了我的肩上。有幸成为第一位走进西藏"高原孤岛"——墨脱县的华为员工，心里充满了使命感和自豪感。

神秘的高原孤岛

墨脱位于西藏东南角，是雅鲁藏布江大峡谷腹地的一处神奇圣地，面积三万多平方公里，平均海拔只有一千多米；是西藏高原海拔最低、雨量最充沛、生态保存最完好的地方，却未开通公路。20世纪70年代，波密到墨脱曾修过一条144公里的简易公路，但次年雨季就被冲毁了。当地政府每年都在修路，但每年都被塌方、泥石流毁掉，从未真正修通过。进去过的外地人少之又少，人力背运是墨脱唯一的运输方式。雨水、雪山、原始森林、山泉、瀑布、门巴村寨、背夫、马帮、驿站的大通铺、进出百余公里的徒步小路，还有传说中的塌方险途、雪崩……这一切的一切都为墨脱蒙上了神秘色彩。

扛着设备到墨脱开局

接到开局任务书后，初始的兴奋变成了紧张和担忧。进出墨脱需野外徒步行走八天，一路上的塌方、滑坡、泥石流、蚂蟥、毒蛇几乎要把我吓退。

我忽然记起多年前看过的一段名言："人的一生应当这样度过：当他回首往事的时候，不会因虚度年华而悔恨，也不因碌碌无为而羞耻……"是啊！人生只有一次，没有多少人能有机会进入墨脱，而我却有幸能够"心跳墨脱"一把，这不仅是对大自然的征服，也是对自己的挑战。

独自一人担起进墨脱开局的重任，肩上的压力真大。从点货起我就很谨慎，在墨脱这样一个交通不便且有通行季节限制的地方，即使是差一颗螺钉，全县城可能也找不到。

2004年6月10日，一切就绪。所有设备都做了防水包装，我打好包准备让背夫背运。我仔细研读了所有开局和维护文档，对开局流程和安装注意事项更是格外留意，在谭大气和高长城两位老师的悉心指导下，基站与卫星传输的初步调试成功，也让我对此次开局信心十足。

第一天：启程
——从八一镇到派乡转运站

2004年6月11日，八一镇林芝电信大门口，早上7点，我搭上运送设备的大货车驶出了八一镇，墨脱之旅由此启程。

墨脱开局工作组由六位成员组成：团长次仁扎西、副团长拉巴加布、老曹、老王、小张和我。一路上我们讨论起开局的工作和墨脱的奇闻轶事，时间也就不再难熬。

到达距离派乡乡政府所在地四公里的派乡转运站时,已是正午12点。提前三四天从山里赶来的六七十个门巴族背夫已等候多时了。

登记好背夫的名字,开始分货,让我吃惊的是,背夫中有为数不少的女性。背夫是一支极其特殊的运输队,也是墨脱人的生命线,粮食、药品,包括盖房用的钢筋、水泥、铁皮,以及许许多多生活用品,都是背夫们按件论斤一步步翻雪山、过塌方、穿峡谷背进去的。

货物的背运费是按重量计算的,分好货物已是下午4点。傍晚,海拔7782米的世界第15高峰——南迦巴瓦峰,在夕阳的余晖下少有地露出了羞涩的面容,一行人顿时兴奋起来。

晚上的送行会上,大家喝着酥油茶,兴高采烈地高声歌唱,团长次仁扎西的一曲《珠穆朗玛》更是技惊四座。送行会上强调最多的就是安全问题,林芝电信网络部主任罗布也再三嘱咐,安全是第一位的,然后才是完成任务。罗布年轻时曾进过墨脱,在大雨中泡了九天,十个脚指甲全掉了。

第二天:翻越多雄拉山
—— 从派乡转运站到拉格(18km)

2004年6月12日,早晨7点刚过,两辆货车一前一后向着多雄拉山出发了。山路异常艰险,全是石头,颠簸得厉害。货车在山坡上盘旋而上,几次近180度的转弯,都要停车、倒车、再打轮启动,每次我都心里一紧。货车一路怪响着向上爬行,快到松林口时只听"嘣"的一声,司机师傅叫了一声"不好",停车下去一看,前轮钢板断了。

进墨脱的徒步之旅提前开始了。背夫们纷纷下车,背上货物,向着多雄拉山顶进发。浩浩荡荡的队伍行进在山路上十分壮观,我看着背夫们被货物压弯的腰,深感不易。

走了半小时左右,山路开始陡峭起来。沿山谷流下来的溪水敞开了流着,溪水冰凉,是多雄拉山口融化了的雪水,已经分不出哪是路哪是河。随着海拔的升高,呼吸越来越急促,心跳得厉害,脚步也沉重起来。快到山顶时风很大,身上冷冷的,雪雾也起来了。头开始晕晕的,耳朵隐隐作痛。

上到海拔4000米,地面出现了大片积雪,路越来越不好走,雪地上只有一条黑色的痕迹,显示这是小路的方向。路面已经被踩硬,走在雪面上可不能偏离这条黑色的标记,否则一旦在陡坡处滑倒,就会沿着雪面高速向山下滑坠,后果不堪设想。爬上最后一段陡坡,雪面开始开阔起来,多雄拉山口就在眼前!

海拔4200米的多雄拉山,我征服你了!

下山的路依然陡峭,山路上碎石密布,天开始下起雨来。深一

翻越雪山

脚浅一脚蹚过没过脚面的冰水，使得双脚已经麻木。不过氧气变多了，呼吸也正常起来。脚下的石头折磨着湿透的双脚，每走一步，脚指头和膝盖都痛得不行。现在总算明白了，为什么那么多人把脚指甲留在了去墨脱的路上。

　　下午2点左右，在雨中走到腰酸背痛、两腿踉跄时看到了营地升起的烟火，我们到达了第一天的宿营地——拉格。拉格营地海拔3200米，由木头和塑料布搭成的房子就是宿舍。钻进房内，看到早已赶到的背夫们围坐在火旁喝着藏茶。掀开一块塑料布，木板搭成的大通铺上被子潮潮的，我累得筋疲力尽，管不了那么多，一下躺了上去，感觉全身都在痛。在城市里待久了，缺乏锻炼的身体真有点吃不消。身上全湿了，躺了一下就感到全身发冷，我赶紧起来挤到炉火边烤衣裤鞋袜，在后面几天行程中成了每天必做的一件事情。

沿途住宿

打开背包看见笔记本和装箱单已打湿过半,不由得担心起了公司的设备,赶紧叫上向导香噶书记去各处看了看,得知货物外包装均无异样后,才放下了心。

夜晚,裹在潮潮的、满是烟火味的睡袋中,望着雨水打在屋顶的塑料布上又成股流下,人很快安静下来,沉沉地睡去。

第三天:被蚂蟥赶着走
——从拉格到汗密(28km)

2004年6月13日7点,我们由拉格营地出发,目的地是汗密。

全天都要在原始森林里穿行,路上一会儿是水,一会儿是稀泥,中间泡着大小不等的石头,大的像冬瓜,小的像拳头。开始还在石头上蹦蹦跳跳地行走,可是没过多久,我们就感到疲惫不堪,也不管是否在泥里水里了,深一脚浅一脚地匆匆踩水而行。

此时此刻,我才深深地理解了"墨脱路难行"的含意。

两小时后到达大埃洞,吃过方便面,用白酒揉了揉脚,坐下休息的时候,向导香噶告诉我们:"下面开始就有蚂蟥了。"从没见过蚂蟥的我们都很紧张,紧紧地打上绑腿,戴上手套,谁都顾不上热。

约一小时后,在一个树叶较少的开阔地休息时,看到了第一只蚂蟥——一种吸血的黄黑相间软体动物,尾部吸盘吸在路边的树叶上,长长地伸出头,等待着猎物的到来。

大家很惊奇,全围过去观看,拍照。我退到路中央,卷起袖子看表,一看之下,顿时大惊失色,一只黄黑相间的大蚂蟥正鼓鼓地吸在左手腕上,不停地蠕动,渐渐变大,鲜血流在手腕上,真是触目惊心。我大叫了起来:"啊!我遭蚂蟥咬了!"大家都愣愣地看着我,

我被蚂蟥咬了

没反应过来。我又大叫了一声,大家这才惊觉事情严重,围了过来。让我哭笑不得的是,小张大叫了一声:"先别摘,让我拍张照片。"以此制止了来给我取蚂蟥的香噶书记,我忍住疼留下了这张珍贵的照片。拍完照后,香噶书记赶紧用一把盐把蚂蟥弄了下去。

　　后面路上的蚂蟥更多。道路两旁的草和树叶上全是蚂蟥,每走一会儿,鞋子、裤子上都可以发现有大大小小一二十条蚂蟥。蚂蟥在打了绑腿、裹着雨裤的腿上找不到地方下口,就沿着衣服往头部爬,有的甚至爬到了快到脖子的地方。可恶的蚂蟥!大家都紧张得有点敏感,身上一有点痒就赶紧停下,看看是不是有蚂蟥。人恐惧到极点时,反而可以坦然面对了。再发现有蚂蟥爬到身上,我干脆用手把它们一个个拔下来搓了又搓,再把它弹掉。

　　路好像长得没有尽头,一路被蚂蟥赶着走。下午5点,终于到达汗密营地,看到一排掩映在树林中的木板房。木板房周围的草丛、树丛中藏满了蚂蟥,这就是我们今天的宿营地。木板房门前格外壮观,我们一行六人,在门口坐了一排,点着烟,抓着盐,脱下鞋、裤、外衣查杀蚂蟥。几番检查,我在衣裤上找出了二十多条蚂蟥,将其尽数干掉,才敢进屋。木板隔开的小房间内有两张木板床,我和老曹同住一屋,床上黑黑的被子散发着霉味。两个人坐在床上,左瞧右瞧,生怕又发现蚂蟥。一路上虽只下了点小雨,但闷在雨衣里的衣服早已被汗水湿透,身上冰凉,坐到火堆旁,烤了起来。简单的晚餐后,再次仔细地检查了床铺和睡袋,用白酒揉了揉疼痛的双腿,躺到床上。年近四十的老曹疲惫不堪却自我解嘲道:"这哪是干工作啊,简直是玩命嘛!"他的话惹得我哈哈大笑。不过今天却是过得很单一,我只是望着脚下的路走着,忘记了看风景,也忘记了思考。

第四天:穿越原始森林
——从汗密到背崩(36km)

出发几天来运气都还不错,下了一夜的雨都是第二天一早就停。7点刚过,我们六人踏着下了一夜雨的泥泞路出发了。三个小时左右,我们到了老虎嘴路段,以前这里十分险要,小路在崖壁上凹凿进去,像老虎的嘴,一不小心就会滑落崖下,现在路面已经凿宽近一米,相对要安全些。溪水在栈道上流成了一道道水帘,从头淋到脚,又顺着栈道淌到岩下的深渊中。我们不敢大意,六人小心地排成一队,保持着一定的距离,靠着岩壁一侧缓缓走着。

通过老虎嘴,汗水、溪水已经湿透了全身。后面的山路一会儿上到山顶,一会儿下到沟底,途中跨过好几座钢索桥,一直在原始森林里穿行。为了防蚂蟥而撒在鞋里的盐被泥水泡成了盐水,腌得已经打泡磨破的脚钻心地疼。两个膝盖也隐隐作痛,到下午小腿已经酸痛得抬不起来。

随着海拔的下降,从寒带气候进入了亚热带雨林气候,海拔从4200米下降至1000多米,天气闷热,水壶里的水越来越少,喝进去的水随着汗水又流回到地面。一路都是亚热带的风光,满山满眼的野香蕉树,在西藏,只能在这里看得到香蕉树、吃得到新鲜的香蕉。可惜不是香蕉成熟的季节,我们也只能流着口水,望树兴叹了。

太阳毒毒地照着,温度越来越高,穿着雨衣闷得像洗桑拿,因为害怕蚂蟥又不敢脱下,汗水顺着后背一直不停地流。路却没完没了的长,水壶里的水早已喝光,大量流汗后体力严重透支,我嘴唇干裂,只能靠着毅力坚强地向着似乎永远也无尽头的前路走着。当远远望到快到背崩的解放大桥时,我不知是激动还是伤心,直想哭。

晚上8点半,在原始森林中穿行了十三个小时后,我们终于到达了第三天的宿营地——背崩乡。大家筋疲力尽,清理着漏网的蚂蟥,瘫坐在了背崩乡政府招待所的木板楼梯上。我用随身带的北京二锅头处理了一下在泥水里泡了近八个小时的伤口,伤口已经发炎,又红又肿,钻心地疼。

第五天:终于到了
——从背崩到墨脱(33km)

一早起来,疼了一晚的伤口流着脓,张着大口子,疼痛无比。真想休息一天!为了能和大家一起准时到达,扎西和加布为我在村里雇了一匹骡子。刚好第四天的路沿雅鲁藏布江边一直到墨脱,稍显平坦,这是唯一能骑骡子的一天。老曹年近四十,还要继续步行,而我却骑到了骡子上,感觉真不好意思。

昨天夜里还下了一场雨,早上天已放晴,太阳足足的,像是要把几天来的阳光一股脑地倾泻下来。路上还是湿湿的,走了不一会儿,大家脚上就沉甸甸的,全是泥巴,老曹笑称足有三斤重。我走不了路,看队友们在烈日暴晒下吃力地走着,速度越来越慢,我也只能帮忙背背水壶,稍微减轻点他们的负担。

晚上7点半,我们爬上了最后那条长长的大坡。太阳的余晖正

照着美丽的墨脱县城。一行六人热烈地拥抱在一起,百感交集,这就是梦中的墨脱啊!大家发疯似挥舞起手中的帽子、拐杖,自豪地宣布:"墨脱,我们来了!"

墨脱电信局局长尊珠已经为我们准备了丰盛的晚餐,苦尽甘来的我们尽情地享用着。这顿饭,是我有生以来吃过的最香的一顿。

墨脱开局

开局的过程中,当地老百姓表现出了极大的热情,因为墨脱整个县城只有四路电话可以通过卫星打出,基本是只能打入,不能打出,通信极不方便。在工程安装期,很多当地人就已经开始踊跃购买手机。看到他们期盼的神情,我顿时觉得身上的责任更重了。墨

安装天线

在华为基站内

脱县委书记也几次到机房来询问进展,问我什么时候可以开通。

设备在背运进来时,一路下雨潮湿,我仔细检查,没有进水现象,但单板还是潮潮的,晾了半天,又用电吹风吹了两个多小时才敢加电。两天后完成安装,调试完开通时,已经放号 170 个。由于背运进来的手机数量有限,且购买者众多,出现了供不应求的场面,林芝电信局已经重新组织背夫背运了。

墨脱站对我来说,是第一次开局。我没有经验,开卫星传输的小基站,公司以前也没有经验,调试时压力很大。在联系不便、得不到更多援助的情况下,通过自己的努力,从 6 月 18 日晚上 10 点到 6 月 19 日早晨 5 点 20 分,我先与卫星工程师配合,调通了卫星传输,在近端做了单板升级,打开卫星传输模式参数,在拉萨同事的配合下,终于为墨脱开通了基站。

站在基站下面,从墨脱拨出第一个电话时,我心里无比激动。作为一名华为人,进入高原孤岛墨脱,为在艰苦条件下生活的墨脱人民做了一点事情；作为一名新员工，第一次开局成功，自豪感和成就感包围了我，我兴奋得一晚上睡不着。

走出自己的路

墨脱成功开局完毕，在从派乡进墨脱路上受尽折磨的大伙，全都不想原路返回，都希望能从波密走出墨脱，从而不为墨脱之行留下任何遗憾，但选择从波密80K方向走出墨脱，对所有人来说都是一次冒险。这条路地质结构复杂，塌方、泥石流随处可见，道路艰险超过了派乡方向。由于天气还不错，在经过大伙投票、好不容易说服罗布主任后，大伙决定冒险走一把80K。能平安走出墨脱，天气帮了我们不少忙，总是晚上下雨、白天天晴。也许是老天看见我们为生活在艰

开完局，回来的路上

苦条件下的墨脱人民做了一些贡献,所以对我们格外照顾吧。

经历四天144公里塌方区内的艰险跋涉,我们到达了波密县城。躺在宾馆的床上,我想起墨脱路上原始森林里穿行、宿营的八个日日夜夜,想起背负上百斤货物走在充满危险路上的背夫和他们艰苦的生活环境,心里难以平静。生命是那么渺小,又是那么宝贵。想一想墨脱路上那些曾经因为塌方、雪崩而逝去的人们,与他们相比,我的生活是多么幸福啊,有理由去好好工作,好好对待家人和朋友,去珍惜现在的一切有意义的生活。

回到拉萨,闭上眼睛,我脑子里依然是去往墨脱的路上,那走起来似乎没有尽头的路,那紧咬牙关、凭意志力走过的路。墨脱路,其实根本就不叫路,只不过是大家都从这里走过而已。人难得的是走自己的路,哪怕艰险,哪怕苦难,走非一般的路,才能有超乎寻常的感受。

有时我想,在生活中加入一点点的刺激,不就会更加丰富多彩吗?走进了墨脱,虽然没有像哥伦布发现新大陆那样巨大的发现,但我却看到了,在一个完全不同的环境下生活着的人们,他们辛劳耕作,顽强生活。

有时我想,旅途中出现几处塌方区,不就是更加告诫自己,要珍惜脚下的路吗?拥有的要爱惜,追求的要努力。旅途上既有花开,也就会有花落。既有坦途,也会有险阻。就像这墨脱的路,只要不怕艰险,只要努力向前,不也就走过去了吗?不论以后的人生道路有多么长、多么坎坷,我相信我都能够勇敢地去面对。

有时我想,如果还有机会进墨脱,我还是会去的,因为墨脱的路已经在我的记忆里写下了深深的一笔,使我终生难忘。

(文字编辑:王鹏)

部分网友回复——

风树：

厉害，走完了中国最有名的徒步路线，很多人都是请了一个月的假去的。

挣扎的心：

墨脱归来不言路，辛苦了！

小眼睛大嘴巴：

五年前将要毕业时，华为宣讲会留了一张《华为人》报，上面刚好登了这篇文章，那时候向往得很啊，简直就是向往神鹰样！

在花园城第一轮就被刷了，当时的场景历历在目……

几年后终于有机会进入华为，再次看到这篇文章，特别亲切！

虽然现在华为总有这样或那样的问题，有时也会抱怨，但问题总是需要大家来解决的。

这几年在华为自己有很大收获，所以还是带几分感激之情的。

活在 GTS：

认真看完了《心跳墨脱》，真的非常感动，记得早些年自己在现场开局的时候，虽然一样的艰辛劳苦，但是起码开局环境优越。像作者这样翻山越岭几天，还要面临生命危险的奋斗精神，由衷表示敬佩。这种记忆是一辈子的，挥之不去。

非洲大陆上的"南泥湾"

作者：宋 聿

天天"农家乐"

很多不了解布隆迪、吉布提的同事或者朋友见面总会问我：那里条件艰苦吗？其实，我一直不太想说怎么艰苦，一说艰苦就被打同情分，一说艰苦就没人愿意去支持了。我跟兄弟们喝酒吃饭都说怎么好怎么有趣，到了之后他们肯定也会看到我们真实的工作生活是什么样。

先说说吉布提。办事处隶属肯尼亚代表处，业务不多，基本上是有项目，肯尼亚代表处就派人过来支持一下，做完就撤走。常驻的三人，除了一名厨师外，日常就是解决客户的一些问题，日子过得非常平淡。当地天气特别热，日常路面温度60℃，室外温度平均40℃，老停电。除了见客户，我们在屋子里基本都光着上身，三个大男人也没那么多忌讳了。吉布提是沙漠化国家，基本上寸草不生，埃塞俄比亚每周来两辆卡车运送食品到当地的菜市场，基本都是包菜、胡萝卜、土豆，简单粗暴，我们吃了一年。

布隆迪是非洲第二重债穷国，900万人口，人均GDP为287美元，当地人把树用绳子一捆扎，一拉，再绑到地上的木桩上，围一块布就是房子了。在首都布琼布拉都能看到衣衫褴褛的小孩，大人

华为办公室

在旁边坐着，没有工作。只要车停在十字路口或超市门口，立马有人围上来乞讨。布隆迪没有吉布提那么热，有蔬菜吃，但物资还是相对匮乏，我们就在院子里养狗、鸡、鸭、鸽子。养的东西不能随便吃，因为吃完就没有了；也不能多养，因为超过一定数量就容易生病。我们还种了空心菜、辣椒，但还是很匮乏，因为布隆迪山地多，但海拔较低，很多菜都种不出来。每次去乌干达，我都请同事开车带着我去采购，扛40公斤东西（基本全是调料）回布隆迪。有次和地区部开电话会议，他们问怎么有鸡叫和狗叫，我说楼下院子里养的，欢迎他们来布隆迪支持项目，天天"农家乐"。

比邻布隆迪的刚果（金）有中国维和部队，我们经常帮他们解决一些网络问题。一来二去熟了，维和部队看我们物资少，也会给我们送罐头、调料。扶济一次，我们能吃个小半年。现在回想起来，布隆迪还挺有意思。

每个人都要跳水

我当时是布隆迪办事处主管，要管的事情非常多，大到签单回款,小到厨房的洗洁精、厕所的纸没有了都得去操心。像买衣服,布隆迪没有地方购物,办事处就几个大男人,基本上谁回国就买一些不同尺码同款式的衣服带回来。大家互相试,合适就买走。洗衣房衣服晒出来都是一个牌子的。怎么区分呢?每个人都在领口的标识处剪一个形状,半圆的,三角的,W形的。

经常有人问我:这样的地方,你一天是怎么过的?我每天早上醒来的第一件事就是看自己的手机有没有电,如果前一晚忘记给手机充电,一天工作就有问题。起床之后我会先把工作想一遍,早饭的时候把工作布置下去,相当于早会,接着大家各忙各的。中午吃饭,利用喝汤时间,大家把上午的事通个气,聊聊天,开开玩笑,讲讲奇闻。一个小时午休后,大家又扑出去工作了,早的话6点,晚的话8、9点回来。

因为布隆迪治安不太好,也常停电,每天只有晚上6点半到9、10点左右有电。办公室就一台油机,油机一坏我就把大家赶到客户那里去上班。当时布隆迪有六家运营商,我和刘建超负责客户线。我每天行程安排得很满,平均每天和三个CXO见面,还见通信部部长、ARCT(国家通信管理委员会)委员长等政府部门官员,没有他们的支持,项目很难做下去。晚上回来,赶上饭点就正经吃个饭,赶不上的话就吃剩菜、剩饭将就一下。记得有一次和客户谈判,从下午3点谈到第二天凌晨3点,客户把门一关,水管够,但不管饭,不谈完合同不能走。谈完跑回办公室,我拿手电筒找东西吃,找到一点方便面,摸黑在院子里摘了点空心菜,吃完回宿舍倒头就睡。

布隆迪有一个湖,距离市区60公里,周末我们会开车到湖边,喝啤酒、打牌、游泳,在湖边简陋的"酒店"搭支架跳水。跳台不高,只有一米五。每个人必须跳,其他人来打分。有不敢跳的人,大家就踹、推,让他们以各种姿势入水。有一些跳了第一次的人,还会大胆跳第二次，并感谢同事帮他做到了曾经不敢做的事。我们就通过这样的娱乐活动，来打发业余时间。有一次游泳，突然旁边一个黑人呱啦一通法语喊我们上岸，我们不知道什么意思，还慢悠悠的。他一直指着湖中心，我们才发现有一头河马从旁经过，上岸后才觉得后怕。

家照顾不好就散了

可能很多人会觉得奇怪：为什么一定要每个人跳水呢？一来确实没什么娱乐活动，二来我们也希望以这种方式让大家融入团队。

在工作中，我会识别不同员工的抗压能力和环境适应能力，看看他们对团队起到正向还是负向的作用。我们有时会玩"杀人"游戏，可以看出员工的思维和表达能力，知道是什么样的性格。生活中愿意和大家沟通的，一般比较乐观积极，我更希望他能主动去带动他人；消极的，我会更多地在生活上给予关怀。

要是有人来出差我们就高兴，他们会给我们带点物资和外面的新闻。刘建超在新的办公室做了一面照片墙，每个来布隆迪支持过的人的照片，都会打印出来贴在墙上。我来南非的第一天，一起吃饭的一桌人全是在布隆迪工作过的，看到他们很亲切，我在最艰难的时候和他们一起度过，积攒下的情义比一般的可能更深。

在布隆迪打拼两年，办公小环境改善了，补助涨了。公司对艰苦的小国有更多的关注和投入，更有助于员工的发展提升。CFO 孟晚舟在 2015 年的新年致辞里还提到布隆迪网络很慢，出个财务数据得等半天。等半天干吗呢？干脆就种菜呗。

生活上的小环境改善了，真正面对的压力来自经营。小国竞争激烈，很有挑战。如果心态不好的话，遇到挑战可能就会打退堂鼓了。

支撑我坚守下来的信念很简单，就是自我价值的实现。

小国，就像一个"家"，当你变成"家长"的时候，你得去承担更多的责任，又当爹又当妈，家照顾不好可能就散了。

领了任务就得咬牙干，老打折也不行

罗晓亮当时是乌干达代表处的 PMO。2012 年 9 月我刚来布隆迪时，他给我下任务，说明年收入要达到 X 千万，你肯定可以完成的，就这么定了。以前每年指标差不多是几百万，我还笑问晓亮是不是拍脑袋决定的。

这确实是一个很大的挑战。布隆迪六个运营商，很多都是大 T 子网，只有一个是本土客户，最大的运营商也就三百多个站点，都是"麻雀网络"。我开始还有点头疼，但领了任务就得咬牙干，老打折也不行，而且大家都有这份责任心，必须守住这个市场。2013、2014 年我们做得特别好，2013 年收入增长了 300%，第二年双正。我刚接手时华为的市场份额是近 40%，离开的时候是 90%。

客户奇怪为什么华为的人来送豆腐

这两年市场打下来了，和客户也建立了非常好的关系。我经常跟大家开玩笑说，我们也要把客户从苦闷的生活中解救出来。本地客户 CEO 就跟我说，你来我家不用敲门直接进来。他家有一个院子，里面养了很多小动物：鹿、乌干达国鸟皇冠鹤。客户有小孩，我有时也会带孩子去客户家，和他的孩子一起玩。现在想来在布隆迪最有趣的一件事，是给客户送豆腐。当时越南电信进入布隆迪，负责人是从越南"空降"而来。我很着急，想着要把这条线搭起来，想了很多办法，甚至找了ARCT、通信部帮我搭线，但一直没有机会。

机缘巧合，我们的厨师在布隆迪工作了差不多15年，他哥哥有时间做豆腐卖给中国人，跟我们关系非常好，有时候我们晚上会去找他喝茶。有一天他说晚上不能一起喝茶了，要去送豆腐。客人长得很像中国人，但是说英语的，他听不懂。

我一听，长得像中国人还只说英语，肯定是越南人（在布隆迪的外国人非常少），于是我提议开车跟他一起去送豆腐。到了后来，偷偷一瞄，果然是越南电信的人，于是我和刘建超单独把豆腐送了进去。负责人听说我们是华为的，来送豆腐，觉得很奇怪，就跟我们聊天。从此，我们每周去送一次豆腐，就为了见一次客户。和客户熟悉之后，我们才开始了解关于项目的一些事情，最终拿到了项目。

机会真的很偶然，但是我们抓住了。

几个大男人抱头痛哭

当然，在布隆迪也不可能全是这么有趣的事儿。印象很深的一次是，2014年12月31日晚上，我把大家召集到一家酒店一起迎接新年。酒后也许更易释放情感，大家喝高之后就开始想家，想自己的老婆孩子，接着几个大男人开始抱头痛哭，根本就压抑不住地宣泄情绪。很多人说，出国多年，又是独生子，没办法照顾家里，爷爷奶奶去世也赶不回去。我和刘建超两个人老婆生孩子都没有回去，回不去。

有些没结婚的家里就一直催。在布隆迪找对象谈何容易，像王从兵，还是我们帮他制造了很多机会，最后娶了一个在当地做志愿者的中国女孩。从兵的性格比较闷，家境不是很好，跟我说了好几次想回去，说家里催相亲。我说你别回去相亲了，我在这里给你找一个。有一年大使馆的春晚，安排我们表演一个节目，我们当时表演三句半，他负责敲锣。讲到一半，他一锣下去，"咣"，突然开始打雷下雨，为了躲雨大家纷纷往台上跑。有个河北来的小女孩，在韩国的一个机构做志愿者，拉赞助帮助这里的穷人。他跟我说看中她了。我说行，我来给你安排。我们设计了一系列的偶遇，帮助他们创造机会认识。当时我问他："小女孩到处找人拉赞助有没有找你？"他说"找了，要我捐十袋大米、十袋磨子面，你借我点。"我说："可以，还要和她们一起联合搞慈善。你每个周末约她出来沟通，谈正事，聊得越多，感情就越深。"后来，他们结婚请我们吃喜糖，现在有小孩两人都回去了。

我太太有一点特别好，非常乐观。从我 2008 年出国，她就一直跟着我，待过苏丹、吉布提、布隆迪。我小孩三岁了，他从十一个月到两岁半都在布隆迪陪着我。家属在这边生活很枯燥，因为没有商场，没有超市，上网又卡得很，微信只能发文字，唯一能去的地方就是湖边，平时只能在宿舍待着。小朋友的娱乐只能是和保安、保姆玩，保安是本地人，在自学英语，顺便教我儿子说"one two three four five"。我一般早上起来小孩还没起床，晚上回去他已经睡觉了，所以唯一陪伴的时间就只有午休的一小时。

我有时候笑自己命不好，待的全是比较差的国家，但是运气比较好，因为有太太和孩子一直陪在我身边。没有太太一直无怨无悔的支持，坦白说，我不一定会在非洲待这么久。

还有刘建超，刚到布隆迪常驻时，他老婆就想让他回国发展，但建超想在华为证明自己，一直在坚守。张硕给他支招儿说请他老婆到布隆迪来感受一下。他老婆来之后第二天就说要回去，受不了。建超藏起她的机票和护照，说找不到了，过了今晚再说吧。待了一个月，她渐渐明白我们在这里的工作和生活状态，慢慢开始理解了。她后来怀孕回国了，从她的朋友圈也可以看出来她一直在默默支持他。

有些机会只有在非洲才能出现

我在公司待的时间虽然不长，但感觉公司这几年变化挺大，现在的支撑跟过去相比有天壤之别。我还跟兄弟们开玩笑说，拿了四年的50美元（补助），刚走就变成100美元了。但我觉得是有得有失，战斗有战斗的得，离开也有离开的得。"风物长宜放眼量"，公司给了我一个好的平台，让我去成长，如果我能够承担更大的挑战和责任，这也是对我的一种考验。

很多不可遇更不可求的机会，来了非洲就有可能出现。我们当时去某个部长或党首的办公室，只需打个电话，跟串门一样。还有总统请我们参加国家阅兵仪式，国防部长亲自发邀请函，座位离总统五六米。总统站起来挥手，总统挥左手我们也挥左手，总统挥右手我们也挥右手。布隆迪国家运动会也邀请我们参加，他们的发令枪不是专门的发令枪，是一把真的AK47，"砰"一声很响。我跟旁边的人开玩笑，这要是跑慢了说不定就被枪毙了。布隆迪总统曾是体育老师，是我国南京体育学院的名誉教授，每天下午4点雷打不动要去踢球。他号召全民健身，每周六早上10点之前，道路一封，首都男男女女都出来集体跑步。

吉布提的独立日阅兵，我们也参加过，当时也是坐在主席台上。本地员工看电视，第二天就会跟我说："宋，昨天我们又在电视上看到你了。"每年还能上国家电视台露几次脸，这也是一个很好的宣传

在布隆迪吉特加省大学设立华为奖学金

公司的机会。一般这种场合我们都穿西装,有时候他们会给我们发个 Logo,我就把华为 Logo 贴在衣服上。我们每年还在当地的大学设立奖学金,对公司在当地的品牌形象宣传也有积极的作用。我们在挖沟时穿一件印有华为 Logo 的 T 恤,师生看到就知道华为和学校有合作。我们也会多做一些发给当地的合作方,他们非常高兴,几乎每天穿。其实这相当于公司的品牌传播,比做广告效果好,也让当地人知道华为在这里。

四年非洲艰苦地区的时光,让我的意志得到了磨炼,耐性、韧性得到了锻炼。然而,我体会最深刻的,却是不断的"取"和"舍"。

在现实取舍之间,也许失去了优越的物质生活条件和健康卫生的生活环境,却也得到了值得一生珍藏的经历,让我在今后的人生路上走得更坚实。

在亲情取舍之间,或许失去了孩子出生时相伴在旁的激动喜悦,父母生病时不能膝前尽孝,亲人去世时不能见上最后一面,却也收获了一起奋斗、苦中作乐、永远不能忘怀的战友情。

在成绩取舍之间,或许拼搏后的业绩只是公司的沧海一粟,九牛一毛，却也尽情享受着客户成功后溢于言表的激动和欣喜，让我很有成就感和满足感。

如今虽然离开了布隆迪，但是我知道非洲还有很多的"南泥湾"，还有很多在艰苦地区持续奋斗、不断取舍的华为人。我坚信"南泥湾"精神会一直传承下去，播撒在无数华为人的心里。

（文字编辑：肖晓峰）

部分网友回复——

糗百祸害我：
相比其他的文章，平淡中见真苦！

吃饱喝足的猫：
惊讶又微笑地一路读下来，好感动。

透明 de 石头：
艰苦的环境磨炼了刚强意志，"苦"中作乐铸兄弟情深，致敬！

史玛拉古大师：
这种乐观的心态是最难能可贵的。自己也就在两个四类国家待过，跟楼主一比简直是奢侈。

爱美丽的天使：
送豆腐的故事太传奇了，所以，这就是市场兄弟的敏锐嗅觉吗？是运气，有时候也是实力！赞！

悦读：

楼主的故事真有意思，看得人心里跃跃欲试。相信楼主经历这些人和事的当时也有过痛苦和彷徨，但是坚持下来，历经风雨见彩虹，所有的一切就成为美好的记忆。人生攒满了回忆是幸福。

八卦不下班：

我们的人生，就是在不断地做选择题，不断地取舍。你做的每一个决定、每一次选择都决定了你会遇到什么样的人，走什么样的路。很多事情难两全，关键是你想要的是什么，你能接受的是什么。佩服作者的勇气和坚持。

流浪的臭臭：

写得真好啊，看得眼眶都要湿润了，很朴实的生活写照。在那么艰苦的地方坚持就是一种胜利了。

进击的局座：

公司就是靠这样朴实、坚强、乐观的同事们顽强拼搏才走到今天！

娜仁齐齐格：

第一次读故事，意犹未尽，作者娓娓道来，那些硝烟战火，那些苦中作乐，那些肝胆相照，就像大家围着炉火，聊天拉家常，听完后却能让人久久回味。

三一六：

为楼主的这种奉献精神点赞，这么一番经历，必将是人生的一笔宝贵财富，虽然从文字感受了种种艰苦以及楼主的苦中作乐，但是也羡慕楼主能一直在艰苦地区这么持续地坚持。希望能以楼主为榜样，以后也走出自己的别样人生。

h00263775：

荡气回肠的英雄气，侠骨柔肠的儿女情都在不经意间发于笔端。感动！

战火中的"豆腐西施"

作者：王国山

有时候我想，人生就是一场长长的体验，不只是结果，更重要的还在于享受过程。我从来都没什么太长远的工作规划，只想着做好当下的事，处理好当下的困难，服务好大家，像做豆腐、做小菜那样，只要大家觉得好，我就很开心。

有啥事，"找小王"

2010年，我被派到中东某国，和另一位厨师徐师傅共同负责员工的一日三餐。当时该国的首都繁花似锦，熙熙攘攘，代表处业务也开展得红红火火，我们每天也干得热火朝天。谁知，战火迅速蔓延，2011年当地局势动荡，好在物资还算有保障，代表处基本上按一个月的量进行储备，以防万一。

2012年年中，战火烧到了该国首都，甚至波及到离我们驻地只有一公里的区域。同年7月，三位政府高官被炸死，几天之内局势迅速恶化，我们的员工部分撤离，但两名厨师必须留下一位，我单身，就毫不犹豫地选择了留下。

为了大家的安全，代表处严格控制员工出行，减少人员外出。

战火中的"豆腐西施"

同时，为了让大家吃饱不想家、不害怕，食堂由原来的工作日改为全年全天开餐。由于原来管理中方日常生活的家属撤离了，所以我一个人把车辆安排、宿舍维修、房间安排和清洁，以及带着员工理发、看病、买衣服等工作全包了。宿舍的每个房间、每根电线和水管、电视空调有啥小毛病，我都烂熟于心。

时间长了，大家不管生活中遇到了什么事，甚至谈恋爱受挫了，都会习惯性地"找小王"。领导跟我讲："小王，辛苦你了。"可我打心底里没觉得累，我觉得兄弟们来到海外打拼都挺不容易，自己做一些力所能及的事儿，为大家提供方便，消除他们对陌生环境的不适和对战争的恐惧，就是我的价值。坚守，兄弟们守住业务战场，我就守住了兄弟们的心。

"节能专家"、"豆腐西施"和"刷脸通关"

随着局势的一步步恶化，我们遇到各种各样的问题。第一个是能源问题，政府限时供电，每天停电十几个小时；限量供应柴油和煤气，每年只给一点点配额。怎么发电、怎么做饭是我们的两大首要难题。

我们定下开源节流策略。

首先寻找能源。我们和司机一同早起，每天分头到各个煤气销售点蹲点排队，同时请本地帮厨帮忙，能攒一罐是一罐；行政也挨个联系供应商，请他们帮忙找柴油和煤气，还请本地同事四处打听找油，但油车必须有能力通过道道检查关卡到达宿舍区，因为政府限购，物资不允许自由流通。

一个周末，我们打听到附近有一家新煤气站，立即驱车前往。

结果不小心迷了路，车子误闯入反对派占领的区域，我们被反对派抓了，关进反对派大营。对，这绝对不是演戏！我当时的第一个反应是，大家晚饭怎么解决？大家发现没饭吃，会不会慌乱？

好在，我们遇到的这个反对派首领不是特别激进，他去过中国，谈了四五个小时后，终于把我们放了出来。老天保佑！出来后我腿都软了。当天回去，我强打着精神做好了饭菜，直到晚上入睡时才缓过神来。

其次，节约用油。除集体用电高峰，其他时间只开个小发电机，保证服务器和公共区域的照明；带不动食堂电灯时，就用手电筒照明摸索着做。我成了当之无愧的"节能专家"。

就这样，经过多方努力，我们竟然扛过了最困难的一年。

当时还面临着食材难题。因为很多地区都陷入了战争，基础物资供应匮乏，市面上只能买到少量的牛羊肉和不太新鲜的蔬菜，有时候政府军清剿反对派或者恐怖组织，还会封路好几天。本地也没有中国超市和中国调料，只能靠偶尔有同事出差带点过来。食材不足，为了让留守员工能够吃上有质量的饭菜，我每天绞尽脑汁换着花样做，红烧、清蒸、炖菜、小炒、包子、饺子、馄饨、湖北热干面、牛肉面等，充分发掘现有食材的不同做法；周末就换换口味，发掘本地奶酪等调料优势，来一次披萨和本地沙拉，买本地人不用的羊骨头煮成火锅，或者烧烤，包括烤肉、羊腰子、馒头、茄子、玉米……

后来，菜品越来越少，怎么也想不出该做点什么来调剂大家胃口。我突然间看到抽屉特别像做豆腐的模具，于是灵机一动，当地有黄豆卖，为啥我不自己动手给大家做豆腐呢？战乱之后，当地唯一卖豆腐的老头也很快撤离，之后我们再也没吃过豆腐了，大家肯定都馋着呢！只要有豆子，就可以做豆浆，做豆腐脑、豆腐干、豆腐乳、冻豆腐。

说干就干，我把地下室旧柜子的抽屉都抽了出来，然后磨平边角，把底部平板抽出来做成盖子，找来纱布开始做豆腐。我反复琢磨，折腾到凌晨，第一次实验居然就成功了，这让我兴奋不已。

第二天早上开餐，食堂立马多了一样主食：豆腐脑！大伙儿惊讶得不行，个个都来了一大碗。我告诉他们中午有豆腐吃，大家都喊太棒了！看着大家大口大口地吃着豆腐脑，我心里乐开了花。接着，我又开始做豆腐干和豆腐乳，从此大家的饭菜里多了不少与豆腐相关的菜，豆腐也成了食堂的一块招牌。我这个男版"豆腐西施"做的豆腐系列产品，也开始输出到兄弟食堂，每次有人去黎巴嫩，都会带上一些我做的豆腐过去，咱终于也有东西可以输出了！

随着豆腐"事业"的成功，我的想法也越来越多。光豆腐还不够，我把宿舍外面的一小块地开垦出来，种上韭菜、油菜和一些国内的常见蔬菜。

怕土壤不够肥，我就跑到旁边的村子，收些牛粪铺在土上面。后来油菜果真长得非常快，南瓜可以结到一个西瓜大。大家可以吃到不少新鲜的中国蔬菜，时不时都会发出满足的感慨，这让我再次体会到了成就感。

我还找人捎来米酒丸做蛋花甜米酒，不断试验改进牛肉酱、剁椒酱、酸豆角、酸黄瓜、酸萝卜之类的小配菜，每天轮换着供应。人不多时，我就做成小盘装的小炒，大家每天辛苦工作回来，围在一起吃饭，感觉真是一家人。

尽管外面炮火连天，窗子被震得哗哗作响，我们却在屋内欢声笑语，享受着美食和家乡的味道，真可谓是身在地狱、心在天堂。

小王和一起经历"枪林弹雨"的战友 Jihad（车队队长）

第三个是餐车通关的问题。光做好饭是不够的。那时每天中午送饭到办公室，路上要经过五个检查站，士兵一个个荷枪实弹，搜查着来往的车辆、人员、行李，每天排队等候查车得花掉一个多小时，到了办公室饭菜都变色变凉了。折腾了一段时间，我考虑必须得想一个解决办法。看到站岗的大兵日晒雨淋也很辛苦，于是每次通关的时候，我就把多买的一些食物分给他们，还时不时带给他们几瓶饮料。一来二去，慢慢就熟络了，士兵只要看到我经过就跑过来和我握手，送我几颗糖，直接就让我们通过了，关键是还让我们直接走军车通道，完全不用排队，饭到办公室都还是热乎乎的，我打心底为解决这个问题而高兴。

服务好大家，就像做豆腐、做小菜

2013年5月4日凌晨，离公司宿舍不到两公里的军火库被袭，爆炸持续了两小时，染红了半边天，我们躲在地下室过了一夜。

同年8月，中国大使馆通知在当地的中方人员立即撤退，大使馆只剩下大使和八名特警保镖。华为也只留下了两个人，我坚持留了下来。感念大使平时对公司的关怀，包括赠我韭菜苗的恩情，在这段特殊时期，我为代表处做饭的同时，还协助负责大使馆的日常餐饮。我对大使说："现在我既是华为的厨师，也是大使馆的厨师。"后来局势缓和些后，每逢大使馆有各种宴会都请我来主厨，大使和参赞都说我是"国宴大师"。

我也会虚心接受大家的意见。每天我都会问大家饭菜好不好吃，喜欢哪个，觉得哪里不好，哪里需要改进，我喜欢多听大家的意见。

无论是领导，还是普通同事，只要大家提的任何建议我觉得好，就立即行动。我就是想做得再好一点，更好一点，让大家更满意一点。吃饭时，只要同事一站起身，不等他说，我就知道他有什么需求，然后立马帮忙补充。有的时候同事跟我说："小王你不要对我们这么好，你也先坐着吃点东西。"可是我觉得不断提高做菜水平，服务好大家，让大家更满意，这是我的本职工作，我根本停不下来。

如果哪位同事生病了，我就特别着急，带着他去看医生，特别给他做份病人专享套餐，想着给他加床被子，希望他能早点恢复。当然，被我照顾过的同事，很多也在用同样的方式对待其他人。

许多来这里出过差的同事，都说在这里感觉像在家一样温暖。我想，互相关心，相互体谅，这已经是当地华为文化的一部分。

感恩，付出本身就是收获

自 18 岁起，我就开始了海外漂泊的生涯。在自己开始掌勺的那一刻，我想的只是做好眼前的每一道菜，却从未想过这一做竟是十几年，更未曾想我会与华为、与这个《古兰经》里的天堂国度结下不解之缘。

我觉着自己一直是个幸运的、被老天厚爱的人。在这里,我一直在努力,收获了宝贵的工作经验的同时,也认识了赏识、关心我的老领导,还有一大帮好兄弟姐妹,我一直都很感激。

2014年回国休假期间,我又认识了现在的老婆,从一个单身汉变成一个有着宽阔的肩膀、可以给人依靠的男人,我现在经常感觉自己幸福得做梦都能笑醒。

2015年受代表处的认可和推荐,我加入了慧通。同年又被调到地区部做厨师长,我感觉肩上的责任更重了,压力也更大了。心情激动之余又有些忐忑,这时我的朋友们给了我很大的鼓励,也给了我很多好的建议。我觉得我需要再学习更多的知识,以便更好地服务大家。

现在,我虽然离开了那里,但真切怀念那些美好的日子,怀念我们共同努力营造的那片战区中的天堂,那份炮火中的幸福。

(文字编辑:周　洋　江晓奕)

一起打造未来幸福生活的小王和媳妇

部分网友回复——

吴侬软语：
行政工作本身就很难，尤其是厨师，要照顾到各式各样人的口味，更难。为你的热情和激情点赞。

手拿菜刀砍电线：
从18岁到海外，到战火纷飞的国家长驻五年，从小王变成老王，王师傅的工作就是磨好豆腐，做好小菜，也许并不"高大上"，但就是在他日复一日的坚守和始终为人着想的温暖中，让大家感受到了炮火连天里的幸福。饭勺，真的是生产力！

晕眼看看：
我们都处于平凡的岗位，如何做出成绩在于我们的心态和坚持！

情感专家老杨：
做好了豆腐脑，大家有没有因为要做成咸味还是甜味打起来？

匿名网友：
这里的时光真是让人难忘，徐师傅、小王师傅让我们的生活变得更有味道，业余时间大家也成为了好朋友。

z00381825：
新员工来了一个月，有一点小的体会：不要羡慕别人的岗位和工作怎样，只要用心做，任何一个岗位都能发光。希望未来也可以到中东长驻。

h00341701：
每一次挑战，都是成长的最好路径！

s00384471：
温馨的大家庭，每人都在付出。

乌云背后的幸福线

作者：龙　峰

人生总面临着这样那样的选择，而我们总在这样的"路口"做出当时自己认为最正确的决定。

2007年，我在华为工作五年之后选择了离开。从那以后，我就像个迷失的孩子，经历得越多，就越想回华为。在很多次申请之后，2014年2月，我终于回"家"了。怀着一颗感恩的心，我主动要求到西非常驻。

初到塞拉利昂

在加纳工作了一个月，6月底的一天，代表处主管把我叫到办公室，告诉我代表处希望我能去负责塞拉利昂的工作。虽然这是一个小国，但运营商、企业网以及终端业务都要去做，非常考验综合能力。

7月4日，我到达塞拉利昂首都弗里敦（Freetown），如果看过电影《血钻》就可能知道这个地方。我在日记中写道："第一次踏上塞拉利昂的土地，从机场出来，要乘二十几分钟快艇去对面的城区，风光不错，随随便便就能拍出艺术片的感觉。"

和前任客户经理做完工作交接后，我去见客户。当时这个国家

渔舟唱晚

已经出现了埃博拉病毒，但是在弗里敦，歌照唱，舞照跳，客户也都不相信这是真的。

7月下旬，弗里敦出现了患者，学校停课，娱乐场所停业。城里到处张贴标语"EBOLA IS REAL"（"埃博拉是真的"），街头出现了世界卫生组织（WHO）的流动宣传车，告诉人们如果出现各种疑似症状，应该去医院检查。

由于出现疫情，所有运营商的业务量比去年激增二至三倍，我跟客户在一起的时间越来越多。客户也采取了各种预防措施，与我们见面的时候甚至都不再握手了。但是经常大家聊着聊着又开始握手，习惯了的事情哪可能说改就改。只要客户伸出手，我都会毫不犹豫，马上握上去。

必然的选择

由于对疫情的恐慌，很多外国人开始撤离。在这期间，我只要出现在客户办公室，对方的第一句话往往都是"你怎么还在，我以为你走了"。我很享受客户的这句话，有种淡淡的自豪感。良好的客户关系不仅需要日常积累，更需要关键事件的提升。

由于华为的坚守，我们满足客户需求的速度丝毫没有受到疫情的影响。而且，我们与客户肝胆相照，共同进退，更赢得了客户的信任和尊重。

A运营商全网是某友商设备，2014年刚投入运营。8月下旬，该友商两名代维工程师不辞而别。8月底，该友商全部撤离，改现场代维为远程支持。

客户CEO把我叫过去，对我说："反正他们人都不在了，你们全搬了吧。"在塞拉利昂，运营商的高层基本上都是外国人，这位来自爱尔兰的 CEO，刚把因为疫情而不愿按时返回的 COO 直接辞退。他说："作为一个外国人，既然决定来非洲工作，就应该有面对这种环境的心理准备。"9 月初，他说服了董事会，让华为在二期扩容的方案上加上全网搬迁方案。

一天早上，客户打来电话，说他们的人力资源总监早上在办公室突然病倒，希望我们能带她去中塞友好医院诊断。和医院联系后，我马上去客户那边接病人。她是塞拉利昂人，四十岁左右，去医院的时候坚决不坐我们的车。到达医院后，经过医生的全面检查，排除了感染的可能，下午治疗后，她病情好转。回来时，她主动提出和我乘同一辆车。一切尽在不言中。

两张机票

我们在塞拉利昂只有四个人：厨师小张、我，还有两个来支持项目的加纳员工 Daniel 和 Emmanuel。8 月中旬，Daniel 和 Emmanuel 完成了各自负责的项目，准备回国。原来订的肯尼亚航空舱位紧张，只能改到 9 月初的航班。但 8 月 17 日，肯尼亚航空突然宣布停飞，所有航班取消。听到这个消息之后，Daniel 提出是否能帮他们安排一辆车，走陆路回加纳。我直接否决了这个提议：经过塞拉利昂疫区，再经过几内亚，没有可行性。我安慰他们，肯定会想办法让他们返回加纳。我向代表处汇报后，代表处立即开始为他们预订其他航空公司的机票。这个时候机票已经是一票难求，代表处向地区部求助，地区部又向公司求助，最终在香港订到了 8 月 20 日从塞拉利昂飞巴黎转加纳的法航航班，而且只有商务舱。本来两小时的旅程，现在要飞24小时。第二天一早，我告诉他们公司订了商务舱让他们返回加纳，他俩激动地马上给家里人打电话。

8月19日下午，Emmanuel突然满头大汗地跑来找我，说自己发烧了。看他情绪波动比较大，我让他坐下来，给他一支体温计量体温。五分钟后，他拿出水银体温计，却不会看。我准备拿过来帮他看一下度数，他拒绝了，说自己手上有汗水，万一是埃博拉就会传染给我。我听了一愣。其实他每天工作两点一线，只接触客户和同事，而且客户那边也没有传出任何病情，所以得感冒或者疟疾的可能性比较大。这样折腾了一会儿，我一把抢过体温计，一看37.2℃，烧得不高。我安慰他说是发烧不用担心，给了他板蓝根和感康，让他把药吃了观察一个晚上。第二天，他退烧了，意味着可以照常登机。

20日下午，他俩兴冲冲出发去机场。但到了傍晚，Daniel打电话给我，说法航拒绝他们登机。原来法国出了新规定，有五个国家（包括加纳）的公民在巴黎转机要中转签，他俩无奈只能回来。塞拉利昂没有法国大使馆，法航是指望不上了，一切重头再来。当晚获悉中国商人包了架飞机，第二天从加纳中转回中国，马上给他们订了两个位子，但由于加纳拒绝该机降落，包机又被迫取消。

面对这样的坎坷经历，两位加纳同事反而变得平静了，心中很感激公司为他们做出的各种努力，表示愿意留下来，安心等待疫情结束。然而，代表处没有放弃让他们早日回家的努力，在23日终于订到了摩洛哥航空的机票。出发的那一天，Daniel专门去市场买了一麻袋红薯和两只鸭子送给我。我收下了，这个时候说啥都多余，只是和他约好，等他下次再过来的时候一起打牙祭。28日，他们平安回到加纳，在家隔离21天之后正常上班，而那两只鸭子已经开始下蛋。

我们为什么坚守

　　Daniel 和 Emmanuel 离开后，办事处就剩下我和厨师张师傅。张师傅是河南人，年纪比我小一些。我经常和张师傅开玩笑说，我的待遇太好了，全公司可能也没有多少人能配专职厨师。随着疫情越来越严重，领导多次让我跟张师傅沟通，如果他想离开就提出来，公司会给他订票。他总是回答："你不走我就不走，总得有人做饭吧。"

　　塞拉利昂通讯非常不发达，通信费用昂贵，为了保障网络，代表处为我们安装了宽带，尽管月租一千多美元；为了保证我们的生活质量，给我们配置了中国厨师；为了丰富我们的业余生活，给我们安装了卫星电视。

　　中午吃过午饭，只要有空，我和张师傅都会和国内的家人视频，用的是华为建设的 3G 网络。疫情刚开始的时候，家人也很担心，但我坚持让家人每天都看见我的笑脸，告诉他们公司提供的各种保障措施，渐渐的，担心变成了鼓励。9 月初，经过和家人沟通，我和张师傅一起发邮件给代表处领导，表达了坚守阵地的意愿。如果没有家人的理解和支持，我不能坦然面对这场危机。

　　但我们从来就不是孤独地在战斗。在疫情暴发的这几个月，只要客户有需求，就会有主管和同事飞过来支持，有代表处的，有地区部重大项目组的，有重装旅的，有运营商解决方案的，有企业网解决方案的，有服务解决方案的，还有技术服务的。

　　天道酬勤。10 月，我们成功签下 N 项目；11 月，拿到 B 运营商的首个订单，实现历史突破，并一举奠定未来几年该产品在 B 运营商的全份额市场格局。

乌云背后的幸福

幸福是什么？我觉得自己是幸福的，父母健在，有甜蜜的爱人、可爱的女儿、和谐的家庭、理想的工作、亲密的战友。在塞拉利昂的这几个月，我终于理解到，平凡和精彩，就像手心和手背，翻过来是平凡的本职工作，翻过去是精彩的人生。面对疫情，从忐忑紧张到从容平静，我相信任何一位华为人，在经历了我所经历的这一切之后，都不会后悔自己选择了"坚守"。

清晨，第一缕阳光照进房间，雨季即将结束，乌云最终也将散去。我，一个普通的华为人，将继续前行，去追逐梦想。

（文字编辑：肖晓峰）

 部分网友回复——

| 100335682：
"'你怎么还在，我以为你走了。'我很享受客户的这句话，有种淡淡的自豪感"——工作中我也习惯这种自豪感，那时候什么"拿着白菜的钱，干着白粉的事儿"这些抱怨全部抛到九霄云外了，因为我被信任。

| 匿名网友：
作为和笔者差不多年龄、差不多身份的人，我们肩负的责任很多，承

担的角色也很多，很多时候我们所做的事情其实都是普普通通的，无所谓精彩，但是事情的结果却差异很大，因为我们的态度决定了我们的发展。既然选择了就要坚持，坚持自己的选择，华为是这么做的，华为人也是这么做的。

w00129617：

相似经历让我们明白，客户心里其实是有杆秤的，同赴患难的战友情谊远远超越普通的商业利益关系。

c00343640：

成功没有偶然，一直以来，在华为公司工作，有过困惑，有过迷茫，更有过无数加班加点奋斗的辛苦，但是整体而言，自豪感还是挺强的。

z00339669：

厨师张师傅，姓名不详，面目模糊，但是一句"你不走我就不走，总得有人做饭吧"，让人感动！

鲜花战场

作者：Rina

我是慧通的一名服务人员。在许多人眼里，我每天的工作就是把自己打扮得漂漂亮亮的，穿着高档精致的制服穿梭在各种高大上的客户接待场合，最开始听到有人叫我"花瓶"时，还曾难过委屈，但现在已经淡然了。这个"花瓶"，我一当就是八年。

八年时光，我从依恋父母的小女孩，变成了习惯漂泊的职业人。每逢春节，当别人在家里陪父母唠家常时，我却戴着安全帽，穿着反光衣，站在离家万里之遥的施工现场，一点点检查，我还要给前台、茶歇区、会议室等布置哪些服务设施、补充哪些"弹药"。

最初几年我给父母打电话时，总忍不住哭鼻子，我哭，妈妈也跟着哭。现在的我，已经可以微笑着举高手机，骄傲地和爸妈视频通话："你们看，这是我们华为的展台！是不是很大很气派？看我穿的工装是不是特漂亮？"虽然心里早就下起了雨，但我仍然愿意站在这里——世界移动通信大会的展馆现场。因为，这里，有我的伙伴我的战友；这里，是我们的战场。

"淑女"的成长

我和绝大多数小伙伴们一样，大学毕业就来到华为，进入公司

八年，参加了八次西班牙巴塞罗那世界移动通信大会。展会期间，几乎每天都是"三小时睡眠＋三万步行走"，从早上7点抵达展馆，直到晚上12点后回到酒店，一站就是十几个小时，大一码的鞋都被肿胀充血的脚撑得变形了。有人问我，既然这么累这么苦，你为什么还是每年都要来呢？我总是笑笑不说话，因为只有自己才知道，能够参加"巴展"，是多大的一份荣耀啊，需要付出多大努力啊。

还记得入职之初，就领到一本厚厚的工作宝典（SOP），当我翻开目录时，真地吓了一跳——居然有119个章节！列出了所有工作中可能会遇到的状况和需要的知识，事无巨细。例如为客户上一杯茶水，看似简单，却有很多讲究：从如何开门进入会议室，到如何识别主宾，再到茶水温度多少合适，将茶杯放在距离桌边几厘米的位置最方便客户，每一个动作、每一句询问都有标准，不能疏忽大意。

我当新员工时，就曾经出过"状况"，因为没注意到身后的其他服务员，当场撞翻了一壶热茶。当时真以为自己要被"炒鱿鱼"了，却没想到能留下来，公司的包容让我充满了感激，但也是从那天开始，我意识到操作的规范性有多么重要，坚定了要努力工作下去的信念。

服务的领域无限宽广，我们需要不断学习、创新。在我们的团队里有各种兴趣小组，本来大家只是因为个人爱好凑在一起讨论，但后来却慢慢将这些兴趣发展成了专业。喜欢喝茶的，就自己花钱报培训班，正儿八经地学习茶艺，最后还考到了茶艺师的证书；喜欢喝咖啡的，从咖啡树到咖啡豆都能如数家珍，每种咖啡的制作技巧臻于炉火纯青；喜欢服装的，就思考怎么让制服看起来更漂亮、更职业化，还帮助大家挑选化妆品，后来甚至可以对客户选购护肤品和衣物给出专业的意见。

在这样的团队中，我的眼界也越来越开阔，从懵懂青涩的黄毛丫头，变成了对"琴棋书画舞，诗歌茶酒花"都有了解的温婉淑女。

日复一日的工作中，我们不断打磨自己，每一分努力都是为了能给客户带来更好的服务品质。我们重视每一位客户，关注他们的喜好和习惯，提供无法替代的华为专属服务。我们从不懈怠，在每一次接待中都努力做到极致。

而在巴塞罗那举行的全球通信大会，是对我们服务能力最集中的考验：在短短四天内要接待上千位客户，每个细节都要做到完美。通过多轮严苛的考核和选拔的人，才有资格站在这个极其重要的战场上，能为"巴展"服务，是我们每个人莫大的荣耀。

飞舞的面条

每一年的"巴展"，我们都希望给客户带来不同的体验。随着华

端庄与美丽

为服务的客户越来越多,越来越全球化,今年又在"巴展"上提出了"开放·合作·共赢"的主题,我们也思考着:服务,该怎么体现华为的连接性和国际化?

于是,我们从八个国家请来了三十个外籍人员一起组成"巴展"服务团队。她们都是经过精心挑选,都具有一定的服务经验,但"巴展"的服务要求和强度是一般工作难以比肩的。为了能让她们像我们一样训练有素、重视客户,在服务中达到公司的标准,我们从选拔到培训都层层把关,与每一位服务人员仔细交流、传递我们的工作内容和服务理念,并举办"破冰宴",和她们一起唱歌跳舞,用活泼、热情的方式让她们更快地融入到我们的队伍中。

她们主要负责在展馆前台迎宾,在茶歇区带动现场气氛,提升客户体验。她们热情地与客户合影,积极地为客户推荐、介绍各国风味佳肴,看着客户对她们开心地竖起大拇指,赞赏华为的"国际化"

迎宾

做得越来越好时,我也"与有荣焉"。

国际化服务员为华为展区增光添彩,也离不开美食的辅助。俗话说"民以食为天",客户观展之余,疲惫乏力时,色香味俱佳的美食也许比什么都更有吸引力。

而这次,我们不仅提供了精致美味的万国美食,还用现场制作的方式,让客户既愉悦了味蕾,又大饱了"眼福"。

现场制作美食的流程不能太复杂,也不能太简单、不具备观赏性。于是我们找了几十种具有地域特色的风味小吃,研究它们的制作方式,最终确定了中式的煎饼果子和捞面、日本寿司、墨西哥鸡肉卷作为主打"小吃"。尤其是捞面,我们准备了鲍汁、炸酱、番茄鸡蛋等多种汤料,就是为了能尽量满足各国客户不同的口味需求。每一种小吃都做到极致——鲍汁是厨师守在厨房用小火熬制了一天一夜的成果,做炸酱面的肉末,用从小吃橡木果的BB猪肉做成。这种猪只在西班牙南部养殖,一定面积内只能养几头,非常稀缺,在当地很难买到生肉。但我们却意外地发现,在巴塞罗那的菜市场可以买到这种猪的排骨,于是将排骨一扫而空,再一根根从排骨上剔下肉来制作酱料。

味道好,还要有"情调"。在保证服务品质的同时,我们还要营造出"特色小吃"的氛围,我有幸参与到食品车的设计和评估中。从车身外观到内部结构,再到设备所需电量的预估,我翻阅资料,请教专家,和设计人员一项项沟通,一点点研究,原本连"瓦"和"千瓦"都分不清的我,现在连木工、电工、设计、结构都能说出点名堂了。

"巴展"期间客户量极大,排队是必然的,怎么能让客户在排队过程中不会太无聊?我和拉面师傅研究了整整两天,思考如何将表演和煮面结合起来。经验丰富的拉面师傅想到,在他的老家山西有种面食叫"一根面",一碗就是一整根不断开的面,制作这种面,可

 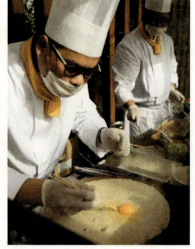

面条飞舞　　　　　　　　　　做煎饼果子

以把面从远处甩向空中，再让面落入煮面锅中，反复操作有种面在空中飞舞的感觉。师傅示范给我看后，我觉得新奇有趣，就想，客户们应该也会喜欢。

果然，现场美食大受欢迎，有不少客户都多次排队等面，品尝后赞不绝口。摊煎饼的大厨每天接连不断地制作六个小时的煎饼，拉面师傅一天要甩数千次胳膊。四天里，"一根面"和"煎饼果子"做了近四千份。我去送水给厨师们喝时，心疼地问他们累不累，他们疲惫中带着笑意说："客户们都喜欢吃，累也值得。"

吃吐了的米其林

公司大大小小的展会，我们都会以服务经理的角色去世界各地支持，保障每一场会务的餐饮品质，使其不因地域的变化而影响客户的体验,而"巴展"的餐饮保障更是对我们能力的"密集"考验。

巴展四天,共十二场大大小小的晚宴,每一场都需要我们试餐,确保餐饮品质,提升客户的体验。说起试餐,别人都羡慕地感叹:"多好啊!你们可以免费吃那么多美食,还能去米其林星级餐厅,别人想吃都吃不到!"殊不知只有试过餐的人才知道那是多么痛苦的经历。

试餐前,我们通常一整天都不能进食;试餐时,经常要一次试吃为晚宴准备的上百种食品。每一道菜都要从外观、色泽、分量、温度等方面进行评判,还要看食材和做法,会不会因为存放时间长而改变形态和口感。对口味的判断,也不能依照自己个人的喜好,要充分考虑目标客户的地域食品特色。自己喜欢的食品,不能多尝一口,不喜欢的食品,也不能不尝,常常试吃到一半就吃不下了,要去洗手间里吐一吐才能继续。

今年的"巴展"试餐,安排得十分紧凑,除了晚宴,还有茶歇区的试餐。其中一天,我要连续试吃三场,最后一场试餐开始时,已经是晚上9点,此时,我已经吃了上百种食品,但安排好的试餐必须完成,尤其是这一场,还要试吃将会在"巴展"现场制作的墨西哥鸡肉卷。

按照传统方法做出来的鸡肉卷很大,客户吃一个下去,估计就吃不下其他美食了。同时考虑到,来展台参观的客户通常都拎着包或拿着手机,所以鸡肉卷必须方便单手食用。厨师在我们的建议下把鸡肉卷做小,可发现太小的卷包不下足够的食材,会影响口感,酱汁也容易流出来弄脏手。

于是,厨师再次调整鸡肉卷的大小和酱汁的浓稠度。一次又一次,厨师不断改良,我们不断试吃,而且不能浅尝一口,要像客户一样整个吃完，一遍遍去体验。五个、十个、十五个……吃到最后，我感觉到自己胃里已经翻江倒海，食物都已经顶到了嗓子眼儿，但还是把鸡肉卷强塞进嘴里，直到大小、口感让自己满意为止。晚上12点，我回到酒店，再也坚持不住，抱着马桶边吐边流泪，吐完了把胃药吃下去，第二天再接着试餐。

辛苦的付出换来了客户的认可，我们展会期间提供的美食很受客户欢迎。看着客户满意的笑容，我突然想起了当初厨师们的那句话——"客户喜欢，累也值了"。

美丽是一种要求

展会期间，每天展馆白天的工作结束，我还要马不停蹄地赶往晚宴现场，再回到酒店时已是凌晨。总结完当天的工作，还要卸妆、洗澡、敷面膜，这是我和小伙伴们每天必做的几件事。

有天晚上，我实在太困，敷着面膜，用毛巾包着湿漉漉的头发，靠在床头就睡了过去。迷迷糊糊间感觉到有人在轻轻推我："醒醒，醒醒！你怎么就这么睡着了？会感冒的！赶紧把头发吹干躺下好好睡吧！"

原来是同屋的女孩晚上去洗手间，发现我没盖被子就睡着了，连忙把我推醒了。

我用毛巾使劲揉了揉头皮，让自己清醒了一点，挣扎着爬起来，去洗手间把头发吹干。躺下时看了一眼手表，离起床只剩三个小时了，天亮又是一场战斗。

第二天，同屋的女孩和我说，我们有个小伙伴回去实在太困了，睡到半夜两点才起来卸妆敷面膜。很多人不理解，以为我们这么辛苦还要坚持洗头敷面膜，是为了臭美。只有我们自己知道，当我们穿着制服出现在展馆时，我们代表的不是自己，而是华为，哪怕身体的每个部位都叫嚣着疲惫和崩溃，也绝不能灰头土脸、无精打采，必须妆容精致、容光焕发。因为，这就是我们的职业素养和基本要求。

我进入公司时，是一张白纸，身上的每一抹色彩都是华为给予的。我在这里度过了自己最美好的八年青春，这八年，让我对这份工作从认知到认同，直至今日的引以为傲。

我在每一次的服务中感受到了华为的变化，看到了华为飞跃的身影。对我而言，能在这样的公司、这样的团队中工作，内心是无比自豪的。

我们关注、重视每一位客户，用最虔诚的心、最专业的精神为他们提供最好的服务，让他们体会到，华为非商业化的服务都能有这么好的品质，更何况我们制造的产品呢？

服务也是战斗力，我们的战场没有硝烟，每一次成功的接待，都是一场胜利的战斗！

（文字编辑：陈丹华）

部分网友回复——

微风过竹凉吹发：
任何岗位，想要做深做细都不是那么容易的，加油！

100247633：
能够真切感受到每一次"巴展"的心酸与不易。为了迎合每一批客户的不同需求，付出了太多太多，那是非同行们无法理解与想象的。见证你八年的成长，真地可以说是一次次的飞跃，为你感到骄傲。

渊明田：
作为同行人，同经历者，感同身受。相信团队中的每一个人，都能从中看到自己的影子，继续砥砺前行！

立言：
华为因为有你们更加让人向往，咱们是世界一流的公司。

莫若此时：
我也参加过"巴展"，之前只觉得慧通的服务很专业，从早站到晚仍然可以保持良好的仪态。看了之后才明白背后的辛苦。看来每个岗位都不轻松，美丽的背后也曾经历苦难。

YAMAHA：
美女们也是华为的中流砥柱！

胡言乱语：

只要是为客户服务，每个岗位都是英雄！

月落风息：

在平凡岗位上做到极致，也就不平凡了。这也是一种工匠精神吧。为美丽而努力的妹子们点赞！

onshine：

把平凡的事情做到极致，这就是伟大。我们大多数人还是做平凡事，如果都能做到极致，这个世界就都很伟大了。

漂泊的灵魂：

很感动。尤其是做过客户经理的人都明白，为了让客户满意，我们所付出的艰辛。感谢美女们，你们的职业化是"巴展"最靓丽的一道风景线，让客户来到我们的展馆有宾至如归、流连忘返之感，也为客户感知的提升，做出了重要的贡献。

斗篷石：

为姑娘们点赞！看了这篇文章，就能理解老板为什么说华为每个岗位都有精兵了。

吴一哥：

感触颇深，看完后心里很温暖，为有你们这样的战友而自豪！研发同事向你们致敬！

非洲丑小鸭：

从未知道你们这么辛苦！你们是华为公司发展的强大后盾和支持，是上甘岭上的英雄！向你们致敬！

我在震中

作者：松本安文

2006年1月，当我从通信翘楚NEC和NOKIA来到名不见经传的华为时，亲戚朋友们大概都觉得我疯了。

那时，华为日本子公司刚成立，尽管"大手笔"地在日本最贵的办公区域——大手町，租了个一千多平方米的办公室，但日本社会还不知道华为是哪个国家的、是做什么的，哪怕是通信行业的人，对华为的了解也很有限，甚至连"华为"这两个字的发音都发不准确。

很多人问我为啥要来？其实，我的想法很简单，就觉得，从零开始是一件很有趣的事，如果我们做不好，公司就会散掉，从某种意义上来说，这是检验我个人能力的极好机会，为什么不抓住呢？

当时的日本代表处代表阎力大说："那个时候愿意进华为的人都承担非常大的风险，是一起出生入死创业过来的人，我很庆幸能成为其中一员。"十年后的今天，作为本地员工中最"老"的那一个，我为当初自己的抉择而骄傲。

和客户一起，拼命把事干成

很幸运，我们遇到了千载难逢的机会——日本政府为鼓励竞争，发了三张新牌，"新晋选手"E运营商举手要到了新牌，希望找到有拼搏精神的公司一起合作。华为进入了其视野。

我在震中

尽管基因与之相合，但华为在日本市场才刚起步，E运营商将信将疑：你质量行不行啊？我的命可都要拴在你身上，你不行我就完了！其实，那时我们早横下一条心：聚焦E运营商这个客户，拼了命也要跟他一起把事干成。

这个公司的创始人之一是香港人，英文非常好，阎力大和他沟通得十分顺畅。有一个周末，他开车载阎力大去一个餐馆，阎力大跟他详细分析了整个无线市场的发展趋势、作为新的运营商的真正痛点、华为能提供的解决方案，向他推荐了分布式基站。听完以后，客户一拍桌子，兴奋得像抓住了救命稻草："这就是我在找的东西！"

接下来，我们带着客户参观华为总部、样板点……经过艰辛的拓展以及半年多一波三折的合同谈判后，2006年6月，我们和E运营商签订了合同——华为真正进入了日本市场！

刚进公司才半年，我就品尝到了胜利的果实，真是振奋人心啊！我想，既然只有E运营商认同华为，给我们机会，那就要想方设法把手头的事情做好，做到极致，真正成就客户。我一周大约三到四天睡在公司，有时候中饭也顾不上吃，还有过一次三天两夜一分钟没睡，所有人都干得特别起劲。

都说日本人讲团队合作，中国讲求个人英雄主义，但这么相处下来，我却有了不同的认识：华为人伙伴意识也很强，大家朝一处使劲，一起把事情做好。还有，做错了事，华为人首先强调要自我反省、自我批判，这一点和其他企业很不一样，我很欣赏。

撤，还是不撤？

让我更骄傲的是公司在大灾面前的表现。

2011年3月11日14时46分，日本东北部海域发生里氏9.0级地震并引发海啸。那一刻，我们正在距离东京100公里的热海开会，感觉"咚"地被震了一下。面对地震，大家都很镇定，直到看到电视上触目惊心的画面：15时25分，海啸到达陆前高田市海岸；15时26分，海啸到达陆前高田市中心；15时43分，陆前高田市依稀只能看到四层高的市府大楼的屋顶，一瞬间，城镇就变成了汪洋……对我来说，地震跟家常便饭一样，可眼前的灾难比以往任何一次都要惨烈，完全超出了我的预期。

我急急忙忙从热海往家赶，不停换车换车，折腾了一路，到了家附近，发现很多房屋都倒塌了，受灾很严重。我一把推开家门，结果空无一人，心头一沉：怎么回事啊？人都上哪儿去了？我赶紧打电话给老婆，电话那头传来周围喧闹的声音，老婆说，因为停电断水，家里人都去送水车处领水了。听到这儿，我悬起的心才算放下。

不久，福岛第一核电站开始爆炸，进而引发核泄漏。放射性物质随风飘来，东京传出放射性物质超标的警告，核辐射的阴影开始在每个人心中扩散。友商有的撤到大阪，有的包飞机，连员工带家属全送到香港。动作幅度之大，让我们一些员工开始情绪不稳。

撤，还是不撤？说实话，对我们这些本地员工来说，没有地方"逃"，日本就是我们的家，能撤到哪里去呢？管理团队每天坚守在办公室，密切收集各种信息，确保信息透明。为了稳定军心，阎力大自始至终都没有离开，还让他的老婆孩子在东京坚持了很长时间。

我清晰地记得，3月15日晚上，我收到了他写的一封全英文的长信，是用发自肺腑的措辞写给全体员工的。信里他详细地说明了地震后管理层是怎么分析、怎么看的，告诉我们，华为承载着对社会的责任，应该和客户在一起，而且风险是可控的，留守并非鲁莽的决定，万一真有不可抗的风险发生，公司也有应对准备，有足够的时间可以安排大家离开，不管是中方还是日方员工，都一视同仁。我们看了以后觉得非常感动，身边的日本员工立马给他回信："我给你鞠一躬。"

后来，华为公司时任董事长孙亚芳来了。在办公室前面的空地，她把我们所有人都召集到一起，说她是代表公司来看望大家的，安慰我们说："你们要坚持工作下去，一定要注意身体。"然后她还去了实验室看望正在测试的员工。客户非常吃惊："别人都跑了，你们董事长竟然还亲自来了？"客户高层后来也知道了，特别震惊："这真是一段佳话啊！"

集团首席财务官孟晚舟不久后也来到日本代表处。听说从香港飞到日本，整个航班连她在内只有两个人，航班上的另一位乘客是一位日本人，还问她是不是坐错了。她到了以后，和我们一起回顾应急计划执行情况，讨论灾后重建的工作安排，包括客户网络的抢修。

过了一段时间，公司为了打消大家疑虑，把家属以及非核心项目的员工都送到了大阪，本地员工也一样，但正在参与项目的四十多个核心成员一个都没走。

这段日子，我们不是一个人在战斗，无论是中方员工还是本地员工，大家都拧成一股绳，哪里出问题了，有危险了，都有人及时伸出援手。如果说之前华为对我来说只是一家优秀的中国企业的话，那么，经历了这件事后，我很肯定，和那些有难各自飞的公司完全不同，这是一家有担当、有责任感的公司，是值得我奉献一生的地方。

"你去一定能把通信恢复"

我们最担心的还是客户的情况。由于停电、建筑物倒塌，E运营商在灾区的一些基站通信中断，我们第一时间问客户有什么可以帮得上忙的。但出于安全的考虑，客户希望先依赖自己的力量来恢复通信。尽管如此，我们在灾区派驻的工程师和合作伙伴始终没有撤出，随时提供必要的支持。接着，核泄漏危机愈演愈烈，日本政府画了个圈，谁也不让进，我们就在圈外往里送电源、发电机，把能做的事都做了。

随着后续受灾地区的电力、传输的逐步恢复，中断站点逐渐减少了13个。到了3月底，客户搜集了一些无论如何都无法解决的问题，询问我们能否为他们提供移动基站等解决方案和卫星传输方面的支持。

我们等客户这句话等了很长时间，早就希望能够为客户多做点什么，所以没有任何停顿，立马让派驻灾区的工程师到现场开始调查问题，跟他们远程沟通，确定解决问题的方案。一部分基站很快得到恢复，可只靠驻扎当地的人员还不够，剩下的通信问题都很棘手，必须派专家顶上。

考虑到客户还希望我们在灾民聚集的地方安装移动基站，为他们提供及时的通信服务，管理团队决定，立刻派出一支精英团队去支援，由一个中方员工、三个本地员工组成。我是其中一个。

去之前，我和妻子说："我马上要去灾区恢复通信了。"她一听，先愣了一下，然后自问自答道："哦，那也没办法啊，是吧？"我知道她的心里已经翻江倒海了，去灾区肯定有危险，要说不担心怎么可能呢？但在 NEC 工作的她，非常清楚恢复通信是需要专家支撑的，在这样的特殊时刻，派我们去是因为只有我们可以完成任务，没有人能够代替，所以哪怕她再怎么纠结、再怎么担心，也只是努力表现出很平静的样子，叮嘱我一定要注意安全，还给我鼓劲："我知道，你去一定能把通信恢复!"

我很感激,她理解这件事的意义,明白这是我们要担起的责任,给了我非常大的勇气和力量。

"荒漠"中的希望

出发前,我们做了周密的计划,摸清了灾区需要抢修的40个基站的位置,同时,紧急准备好四台应急移动通信车,以便在灾民聚集区新建移动基站。

4月5日傍晚,我们从东京出发去仙台,心情很平静,只想着尽快去现场恢复通信,很多人等着用,越快越好。中间有一段高速公路需要穿越福岛县,距核电站仅五六十公里,辐射测量仪测出辐射值是东京的20倍,频频发出警报。为了不受影响,我们把警报声改

满目疮痍的陆前高田市

为震动，继续向前走。

第二天，我们到达了受灾最严重的地区——遭地震蹂躏后又被海啸席卷过的陆前高田市。下了高速公路，只见田地成片，房屋安好，一切看起来都那么平静祥和，这明明就和之前一样啊？灾难真的来过吗？可再往里走一公里左右，面前突然一片开阔，所有的住家都消失了，映入眼帘的是满目疮痍——大海吞噬城镇后的各种残砖碎瓦堆积在一起，到处都是损毁的房屋、汽车，有些房子甚至被撞到铁塔上面，完全变形、拧结为一体，空气中弥漫着一股刺鼻的腐烂味道。这幅景象真是说不上来的悲凉，整个家园一夜之间就这么消失了！

所有的桥、铁路线、公路都遭到了破坏，进入灾区后唯一能通行的路是自卫队临时清理出来的，非常拥堵。我们想了很多办法终于到达山上高台上的基站，寒风针刺一般迎面扑来，"飕飕"地只往我的脖子里、头发间灌。从高台望向远方，房屋都倒下了，就剩钢筋还在孤零零地矗立着，整片土地如同荒漠一般，没有一点点生命的气息。你说，我们努力恢复基站还有什么用啊？没有人用了啊，没有人了啊！

吹了半天冷风，我的心情平静了一些，思绪恢复了理智——还有很多灾民等着打电话寻求帮助、获取安慰，哪里有时间去伤心难过呢！

这里的受灾情况特别严重，没有设备，我想到用吊车把天线架升上去，让天线朝着避难所的方向，通过卫星连接数据中心进行通信。4月7日，我们新建了第一个移动基站——大船渡站点，从安装调试华为设备，到安装卫星接收站、天线，总共花了半天的时间。到了傍晚，终于调通了。虽然移动基站看起来很简陋，但灾区人民

自制移动基站

总算可以打上电话了!

这天,回到宾馆已经晚上10点多了,因为第二天一早还要调试两个移动基站,我们四个人11点多就躺下睡觉了。可过了没多久,一阵强烈的上下震动和手机的地震速报响声把我们震醒了,电源中断,应急灯亮起……高频度的上下震动,伴随着窗户、门的嘎吱嘎吱响声,一直延续了一两分钟,我甚至感觉这次余震比当时"3·11大地震"还剧烈,只能在惶恐不安中等待着。不久,震动停止,电力也恢复了,通过新闻我们才知道,这次地震震级达到六级,震中就在附近。稍稍平复下心情,我们向东京的领导打电话报了平安,就继续睡觉。

一个星期里,我们陆续帮助客户恢复了40个基站,建起了好几个临时基站。因为核辐射问题,出发前我们买了测辐射的仪器,但到了此时,大家都全然不在意了。我真切地希望,那些急需救助的人,能以最快的速度得到帮助,那些经历地震重创的人们,能给至亲的人打一通电话,问候一声"一切还好吗?",得到些许心灵上的慰藉。如果能这样,那我们做的一切就充满意义。

4月27日,我们又去了一次灾区,确认临时基站是否都能正常工作。而我们在当地驻扎的工程师在灾区一直没有撤,直到所有的基站恢复通信。

震后有人问:"你去最危险的地方,公司给了你什么样的补助啊?"其实真没有补助,但我们得到了公司的金牌奖。作为一名本地员工,能在这样的危急时刻出一份力,我的内心充满了责任感和自豪感。

几个月前,日本一家杂志社采访我,又提及这段五年前的往事。我们用行动证明了华为能够与客户同呼吸、共生死,一心一意跟客户在一起。我很高兴,自己曾在救灾的第一线努力过。

(文字编辑:江晓奕)

 部分网友回复——

狂飙的窝窝牛:
无论哪个岗位,每个坚持下来的兄弟都不容易。

abuce:
冲向上甘岭的人,是一种担当和责任。

马蹄山上的风:
本地员工也能艰苦奋斗,不容易。

jasonli:
用行动证明不抛弃、不放弃是何等的伟大,you deserve honor!

言为心声书为心画：

身边的日本员工立马给他回信:"我给你鞠一躬。"这才是大胜靠德啊，很受触动。

爱情爱情：

敬佩松本，有理想、有情怀、有责任、有担当。希望当时的兄弟们身体都棒棒的，更好地为人类沟通事业继续奋斗。

h00389511:

资源终会枯竭，唯有文化生生不息。一旦认同公司的核心价值观，并将小我实现放大到大产业抱负中去，成就感是满满的，一步一个脚印，跟公司共同成长。这就是文化的力量！

g00388511：

越困难的时候，越能看到一颗金子般的心和一个强大的团队。

l00338481:

在华为走向全球的过程中，发生了如此多令人难以忘怀的故事。华为日本的发展，也留下了我们不畏艰难、可歌可泣的优秀华为人的足迹。无论是外派还是本地聘用，都是华为最大的财富。无论是举杯相庆还是拼死相救，都是我们人生最宝贵的财富。

穿越无人区之后

作者：胡知超

事情来得很突然。

2004年2月的一天，领导找到我，说："你去伊拉克出趟差吧。"我问："去多长时间？"领导说："你先去了再说，说不定就常驻了。"领导问我愿不愿意去？我没想太多，说："去就去吧。"

穿越无人区

领导给我发了一个出行指南，有两条路线：一条路线是，飞土耳其安卡拉，再从安卡拉转机到东部的边境小城市迪尔巴克，然后坐汽车到边境，从那里过境；过了土伊边境，再坐汽车到伊拉克的苏莱曼尼亚。第二条路线是，飞约旦首都安曼，然后坐汽车到伊拉克首都巴格达，到巴格达后，再坐汽车。反正就两条路，都是从汽车换汽车，因为那个时候伊拉克还没有恢复通航，不能坐飞机，我决定取道土耳其。

出发前和伊拉克的同事联系得知，当时公司驻伊拉克的代表何明在安卡拉，我可以和他一起去伊拉克。于是我和何明在安卡拉碰头，然后转机到迪尔巴克，两个人租了一辆车就向土伊边境开去了。一

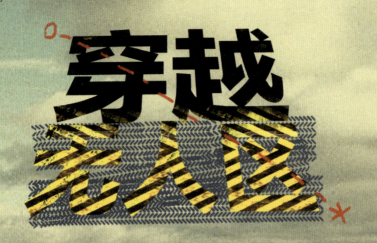

路上，我和何明天南地北地聊着，冬天白天短，六个多小时的车程竟也从天亮开到了天黑。

我们在土耳其边境小镇 Silopi（锡洛皮）找了一家客栈住下。这家客栈设施非常简陋。床板硬邦邦的，上面铺着一块好像多年没有洗过的毯子，黑白电视只有雪花点，屋角地上摊着的电暖器也是坏的，有些年头了。灯光非常微弱，忽明忽暗，更显阴冷。打开水龙头，黄褐色的水滴答滴答地流下来，看来只能和衣凑合一晚了。

第二天一早，我们准备过边境。Silopi（锡洛皮）口岸以货运为主，沿着边境的公路，趴满了大货车，延绵不绝有几公里长。在口岸，我俩来回往返办公室、检查哨所好几次，终于出了土耳其边境。土耳其出境口岸和伊拉克入境口岸距离两三百米，这段路是禁区，两个国家都不管的区域。天空飘着鹅毛大雪，大货车把整条土路压得都是泥。我和何明两个人，时背时扛大箱子，挎着包，一步步地踩过泥泞，到达伊拉克边境。事后讲给朋友们听，他们说，特别有画面感。但这不是电影，是我们经历的真实场景。

在伊拉克学会"带兵打仗"

我算是最早去伊拉克的几个人之一，当时整个代表处不超过十个人。我们住在两栋小房子里，一栋是市场办公室，一栋是服务办公室。楼不大，是办公住宿一体化的，楼下加客厅三间房做办公室，楼上两间房住宿。当时什么都得靠自己，做项目的同时兼做 IT，接卫星，部署 VPN（虚拟专用网）。网速很慢，而且不稳定。VPN 起不来了，就登到路由器上面看看；"锅"（卫星天线）有问题了，就自己上楼去调一调。真可谓自己动手，丰衣足食！

现在公司在伊拉克的行政平台支持已经不错了，但在那时候，根本称不上有行政平台。我们自己做项目，自己照顾自己，十来个在伊拉克的兄弟，培养出兄弟般的情谊。

有一年春节，年三十晚上，我带着两个兄弟，去另外一个城市阿尔比勒谈 CDMA 项目，一直谈到下午 4 点半，终于谈完了，签了合同。开车往回走，结果雪越下越大。一路上，代表处已经开始团聚了，给我们打电话，问到哪里了，提醒我们注意安全。回到代表处，热腾腾的饺子端上来，兄弟们一杯一杯酒干下去，那种感觉真好。

我们真的像一家人，而不是一群同事。为什么呢？应该说，愿意去艰苦国家的兄弟都不会计较很多细节，都是能够大口吃肉、大碗喝酒的人，都有一种江湖豪气，都比较简单。大家在一起，不会拘泥一些小事，不会只想自己的小日子，会互相支持，互相帮助。因此我觉得，价值观和导向把我们凝聚在一起。就这几个人，就这两栋楼，没有领导和下级界限，一起工作、生活，该加班加班，该打球打球。大家投标搞几个通宵，领导就去买吃的，亲自下厨。

伊拉克是我快速成长的地方。

在去伊拉克之初，我就是"一人吃饱，全家不愁"。每天领导让干什么，我就干什么。但随着公司业务的发展，我就必须要带几个兄弟了。2007 年，我成了产品主管。由于我的背景是业务与软件产品经理，压力很大，我不能只懂软件，还要懂无线和固网……要跟客户讲无线基站、网络是怎么设计的，要讲核心网有哪些功能，要讲 2G，还要讲清楚 3G 等，很多技术方面的知识需要弥补。员工的团队管理也是一个新东西。

很高兴的是，在每个阶段，我都遇到很好的主管。当时的代表何明、辛文，给了我很多指导，给我做了很多培训并言传身教，包括人员管理的技巧、客户沟通的方式和项目的运作。特别感叹的是，由于空调线路问题，我们在巴格达机场的机房内出现明火，手足无措时，何明沉着应对；周末，辛文让我们根据事情的重要、紧急程度来做时间管理，根据不同员工的意愿和能力，进行授权或者业务指导。

我选择了巴基斯坦

2010 年的一天，领导找到我说，你在伊拉克待了六年了，小孩也要上幼儿园了，不能耽误了小朋友，要考虑换个地方了。想回国，还是继续在海外，你自己考虑考虑。

没想到领导为我考虑那么多。最后，我选择了巴基斯坦。很多人都愿意去美国等发达国家，但我考虑了一下，觉得去巴基斯坦更好，更有利于我的事业发展。我的爱人一直很支持我，女儿不到两岁时，她们就在伊拉克"随军"，女儿是伊拉克华为代表处当时最小的小朋友。

在巴基斯坦，我发展得比较好。整个团队的氛围与绩效都挺好的。我是综合系统部部长，期间还兼重大项目部部长、解决方案副代表。2011 年初，我响应公司号召转身为企业业务部长。

四年，打项目、拓展客户关系，每天都很忙。尤其是企业业务部刚成立时，什么都要探索：怎么去建立跨文化的组织，融合本地员工和外派员工，融合电信和 IT 不同思维背景的人员，怎么去开辟市场，怎么去建立渠道……企业业务不像运营商业务，运营商就那么几个客户，每天见，就搞定了；企业业务是开放的，不停地有新的客户与渠道。当时我见了很多人，建立了很多客户关系和渠道，自己感觉很有收获。

首先是换了思想。以前我们做运营商，是直销的思路。因此刚做企业业务时，我觉得什么都能做，就什么都做，包括电表、路灯都做，但做一个死一个。我们就自己调整，慢慢地建立了对市场的认识，有了自己的理解与思考，知道自己不是万能的，必须聚焦，必须取舍。其次，换了项目运作方式，更为精细化。巴基斯坦的项目竞争很复杂，必须很细，要有很强的客户关系、项目运作和解决方案，要把每个细节都想得很清楚。

我们白天在外面跑，晚上开项目分析会、投标，每天都很忙，基本上每天晚上都是十一二点才回家。父母过年的时候来过一个月，也就过年和一个周末一起吃过饭。后来父母说，看到你在巴基斯坦过得挺充实的，也很放心。

在传统企业业务行业渠道市场中，我们是领导者，他们都很愿意跟华为合作。我们的品牌也挺好的，特别是签了几个大项目后，我们也很有信心，能见到很多高层客户。

我现在是中东地区部企业业务部副部长，兼阿联酋企业业务部部长。如果我选择去美国，生活可能会很安逸，但不经过历练，不可能有现在的发展。我的太太和孩子也很好。孩子现在海外上学。对我来说，我能给孩子的，就是给她提供一个好的平台，尽可能地增加她的阅历。而我能给爱人的，则是良好的物质和爱。爱，不分地点，无论在世界的哪个角落，都可以给予。

十三年的失和得

从 2003 年 7 月，我毕业两年后去海外算起，至今已十三年了。

这十三年，有十一年在艰苦国家。这十三年，发生了很多事：完成结婚大事、添了一个女儿，女儿渐渐长大、读书、接受国际化的教育……这十三年，我都是在外面漂着的。在有些人看来，可能会觉得我失去了很多：没跟父母在一起，很多时候没跟老婆孩子在一起，甚至我都开始不适应国内的生活方式。但说实话，我觉得我获得了很多。

这十三年，我从一个刚毕业两年的工程师，成长为一名企业领导，带着一帮兄弟，做着几百万、几千万、上亿美元的生意，和一些国家领导和部级领导交流一个国家、一个行业的发展方向，谈华为公司给客户、当地国家带来的价值，给当地人民的生活可能带来的变化，那就是一种收获和成就感。

这十三年，我学会了从不同的视角去发现美。我去的都是艰苦国家，可能有危险，也很苦，但只要接受它，然后去欣赏它，就会感觉很不一样。我曾跟兄弟们说，我们不能只是为了挣点补助去艰苦地区，这样没有意义，损失会更多。钱的多少和幸福不成正比，对我来说，只要有个小房子，有家人在一起就够了。

在伊拉克时，有战争，有爆炸，还停电，每天供电不超过六小时，我们有个很小的油机自己发电，只能带动电风扇。客厅里有一套沙发，不分领导、同事，四个人就围着这个吊扇，在客厅的沙发上睡觉。有时连小油机也没有，只能睡楼顶。伊拉克的夜充满了嘈杂，到处油机轰鸣，黑鹰、阿帕奇直升机执行任务，还有蚊子嗡嗡嗡，入睡很困难。但想到有兄弟般的情谊，想到我们拼尽全力做项目，自己技能有所提升，我就感觉很充实、很快乐。

在伊拉克、巴基斯坦，我都愿意去体验当地的风土人情。在当地宰牲节期间，我一个人背着背包，到巴基斯坦北部旅行。北部风景很漂亮，有海拔六千多米的雪山，也有冰川。我住在 Hunza 山顶的 Guest House，早上 5 点出发，翻过一座山，看到山谷中间的一片绿荫，四面都是皑皑雪山，雪山坚韧挺拔，傲然屹立在眼前。这里民风淳朴，当地人邀请我去他们家做客，吃杏干，给我倒水倒茶，很热情。

再往里面走，是堰塞湖。

2010 年之前发生过一次地震，山崩了，落石就把曾经的河道堵住了，水位提升了 170 米，形成一个湖。湖面很大，延伸了十几公里。湖底是原来的公路，是中巴喀喇昆仑公路。公路在巴基斯坦境内有 809 公里，建这条路牺牲了六百多人，是人把路一里一里铺出来的。在巴基斯坦吉尔吉特的中国烈士陵园，埋葬着 88 位在喀喇昆仑公路建设中遇难的中国工程人员。没有牺牲，就没有成就！

有人说我有点傻，也有人说我有情怀。当时待在伊拉克，是因为有一种很朴素的理想。一是华为正在走向海外，在这个过程中，我能实现自己的价值。另一个更激励我的，是一种情怀。华为是这么多中国高科技企业走向海外比较早的，很多事情是没有经验可以借鉴的，也没有人可以让我们模仿，只能靠自己去摸索。未来还会有很多高科技公司走向海外，如果我们的探路，对其他公司有帮助，而我又作为探路者中的一员，何尝不是一种贡献？这种情怀一直在激励我。

我们能有今天的成绩，是一步步走出来的。从被客户拒绝，到被接纳，到被需要。从不为所知，到现在强大的品牌，我们靠的就是一步一个脚印，没有投机取巧。我很高兴，能通过自己的点点滴滴努力为公司创造价值，为家人创造好的生活条件，这就是我的"得"。有了这些"得"，一切的痛苦和磨难，都显得微不足道。

（文字编辑：龚宏斌）

部分网友回复——

八卦岭：
穿越无人区入境伊拉克，简简单单的文字却极富画面感，真的如电影般定格。人生就是不断地做选择题，取舍之间全在乎自己的心境，得失之事也全在于自己怎么看。作者的故事读来让人油然生敬。

渭水流域：
男人的情怀，兄弟般的感情，想必作者是个乐观阳光、易相处的人！

HWHOLD：
可以这样说：他们就是华为最可爱的人。

科启：
看似平淡，意义深远！尤其是中东、非洲市场，就是这些默默坚持的兄弟姐妹们，靠坚如磐石的信念挺过来的！
你们收获了你们该得到的成功，也牺牲了很多你们该得到的亲情！

媳妇熬成婆：
你的文章，让生活在浮躁氛围之中的我，重新思考人生的目标和意义。

VIC：
敬佩，公司的强大就是因为有这样一批奋斗者！他们不畏"枪林弹雨"，不畏长期漂泊；能上厅堂，能入厨房，能打项目，能搞客户关系！

懵懂女行政科长海外历险记

作者：唐晓艺

犯"二"生成的行政指南

2005 年，公司让我出国担任第一批外派行政科长，我就懵懵懂懂地踏上了奔赴海外的征程。

首站是埃塞俄比亚。也许是初次出国的兴奋，我竟完全忘记了漫游和时差这两样东西。我坐的是晚上 11 点从香港起飞的航班，大概飞行十个小时，琢磨着到埃塞俄比亚应该是大白天了吧，所以也没有联系接机，而是自己抄了代表处的地址，想着到后打个车就过去了。但到了香港我就傻眼了：手机没信号了，电话打不了了。

抵达埃塞俄比亚后再次蒙了，机窗外一片漆黑，竟然是当地时间凌晨 2 点，不是我想象的白天。这可怎么办啊，难不成要坐在候机楼等到天亮？好在祖国同胞遍天下，同机有好多中国人，最后中国路桥建筑公司的同胞把我带回去住了一晚，第二天又把我送到了代表处。

然而，我本身自带的蠢萌并不因为埃塞俄比亚工作的锻炼而有丝毫改变。

一次去吉布提出差支持回来，在没有候机厅的机场我又出糗了。

懵懂女行政科长
海外历险记

我把行李托运后,以为它会被自动送到货舱里,于是径自上了飞机,但坐定后发现窗子外地面上有一堆行李,逐渐减少,到最后只剩下一个箱子。

我正在感叹那个箱子和我的好像时,空姐走过来问我:"那个行李是不是你的,为什么你不搬运?"我这才恍然大悟,原来吉布提航班托运行李是要自己搬到货舱里。我还理直气壮地质问:"那你们托运什么呢?"空姐笑得很灿烂:"我们至少帮你检查了不是,还把它们送到了停机坪……"

我在一机舱乘客的嘲笑声中下了飞机,扛起自己的箱子,爬上简陋的梯子,把箱子扔进货舱,再独自爬回机舱。

后来,我把自己的这些逗逼经历和教训,写进了代表处的"行政指南",在员工申请邀请函的时候通过邮件发给员工,让后来的员

2005年作者与埃塞俄比亚当地村民

工们知道非洲不比国内，能够尽可能地少出错，或不要像我一样做出让人啼笑皆非的事来。

不妥协的"霸道总裁"

　　埃塞俄比亚的日子充实而快乐，代表处从没有食堂、大家轮番下厨，到教会本地保姆煮粥、烙饼，再到建起了自己的食堂。

　　那时候没有好的消毒器具，于是给每个员工发三个不锈钢碗，分别用于盛饭、盛菜和盛汤，碗上都贴有各自的名字，一到饭点，大家就乐呵呵地找自己的名字，忘记报名的就拿着空碗"抢"别人碗里的食物。

　　闲暇时，我不仅把丢到"太平洋底"的英语捡了回来，还能流利地和本地员工斗智斗勇。

　　建新办公室时，为了让车流有序，我准备在停车场和篮球场中间修一个花坛，就找了几个小工敲花砖砌花坛，说好了一块花砖2birr（埃塞俄比亚货币单位），工钱日结。结果这些工人敲了十块花砖就觉得一天的生活费足够了，拍拍屁股跑了。我很生气，告诉他们一天至少每人三十块花砖，敲够了按每块2birr结算，不够三十块分文不给，这样才保证了进度。这些工人私下里都念叨，这个行政老总真霸道。

　　我在工作中的霸道和不讲情面也是出了名的。有一次，我看到一位员工（非行政人员）上班时间打游戏，就要求他关掉游戏、专心工作。那个员工不听，我就直接找到他的主管，直到那位员工受到了批评教育我才罢休。很多人觉得我多管闲事，但我就是倔，我认为只要我是为了公司利益考虑，就没有错。

大家一起包饺子

后来,有员工反映埃塞俄比亚的娱乐设施匮乏,于是我带着当地员工开车满城找可以用来当羽毛球地板的材料,并建起了首个羽毛球场地。虽然在海拔 2600 米的高原打羽毛球十分钟就喘成狗,但我们还是很欢乐。

被250斤重的房东碾压

几个月后,主管周峰让我去刚果(金)支持,在干了一杯 70°老白干后,我意气风发地来到了这片热土。

刚果(金)很多地方没有市政供水,用水全靠水泵从井里面抽上来。我们租的 Fatima 宿舍也因为水压问题,二楼以上经常没水,每天只能拿着桶下到一楼打水。我去找房东协调,但房东以合同中并未承诺为由对我们爱理不理的。

这时候我骨子里那股"倔"的劲头又上来了:既然房东不改进,我们自己干。

我买了一台大功率的水泵,准备自己加装,然而房东却以"不能破坏房产设施"为由加以阻止。双方言语上各不相让,对方甚至开始对我们推推搡搡。我只有八十多斤,身体瘦弱。房东太太是个富婆,人很胖,足足有二百五十多斤重!她看我是"带头大姐",于是一把抓住我,把我推倒在地,还没等我回过神来,她庞大的身躯仿佛一堵墙一样直接重压了上来,我差点晕死过去。

有几个同事听见吵闹声走下楼来,看到这个场景,大声喊叫:"新来的行政被人压死了!"这时更多人从楼上冲了下来。房东太太这才很不情愿地把只有半口气的我交了出来,我缓了半天终于保住了小命。

我让大家平静下来,随后喊来了一名法语和英语都很好的本地员工,重新和房东进行沟通。最终,房东太太同意了我们自己安装水泵的要求。

"这丫头是不是有病啊"

去疟原区要带药!去疟原区要带药!去疟原区要带药!重要的事情说三遍。

我本人很万幸,非洲三年没有被"疟"过,但同一个战壕里的战友们可就没那么幸运了。一次,我去姆布吉马伊区域出差,同行的供应链同事颜晖得了疟疾,高烧不退,当时我只带了退烧的"泡腾片",而姆布吉马伊没有治疗疟疾的药,也没有像样的医院。在等待代表处救援人员赶来的那两天里,我花钱雇了个小工二十四小时不停地用冷水给他物理降温。那是我第一次感到不安和无助,特别害怕他会随时死掉。

第二天,我跟着代理出去找资源,看到一个重兵把守的小超市（后来才知道是店家请的武装保安）,我想给颜晖买一点牛奶补充营养,但是超市门口围满了急待购买物资的人。我找到一个领导模样的人,给他塞了一点小费,一番比画之后,他让保安闪开了一个小口,放我进去。在围观人群虎视眈眈的眼神中,我抓了几瓶牛奶就赶紧付款跑掉了,逃跑过程中时不时地回头看,生怕被人抢劫了。

第三天,我们找到了一个小诊所,我监督着医生给针头反复消了毒,给颜晖打了一些奇怪的绿色药水,又挂了一瓶吊液。他终于恢复了神志,又休息了两天后,竟然活蹦乱跳了。

不久,代表处的代表刘康在出差过程中也被"虐"了,疟疾等级四个＋号,当时直接昏过去了,好在抢救及时,捡回了一条命。

经历过这些事,我意识到疟疾的可怕,赶紧协调公司资源,机关也相当给力,组织了集装箱,千里迢迢把蚊帐、杀虫剂、防治疟疾的药物都运送过来,人手一份防蚊抗病设备。之后虽然还有员工得疟疾,但再也没有出现那么惊险的情况了。

后来,我把自己非洲三年没得过一次疟疾的经历归结为自己"在战术重视它,在战略上轻视它"。

在离开非洲之前,代表处的同事开玩笑说,我的身体里如果能查出疟原虫,就给我申报个一万元的疾病补贴,我满心欢喜。于是在回国休假期间到百草园做了检查,结果查来查去愣是没有。于是我跟在医生屁股后面不停追问,为什么我在非洲待了这么久,连个疟原虫都查不出来？周围的医生和同事都用异样的眼神看我，他们心里一定在想，"这丫头是不是有病啊"！

战争年代的和平庆功会

2006年8月20日，因为刚果（金）大选的问题，内战爆发。

联合国人员已经开始撤离，代表处大部分员工也都撤到了刚果（布），但是我们有很多资产和资料无法带走，于是我带着几个本地员工，把所有贵重的物品甚至十几桶发电用的柴油都藏在了地下室里。

我们曾在"总统胡同"租了个房子作宿舍。为什么叫"总统胡同"呢？因为这个房子的左边住的是总统，右边住的是副总统。租房子的时候大家想着即使享受不了总统级礼遇，在这里至少没人敢偷敢抢，足够安全吧。

谁料暴乱当天，总统的军队和副总统的军队直接在"总统胡同"打起来了。宿舍刚好夹在中间，所以左面被总统卫队的子弹打，右边被副总统的私人军队的子弹打，简直是倒霉透顶了。所有员工全都趴在地板上不敢动弹，甚至有人已经开始写遗书了。

我当时不在这个宿舍，但是非常挂念他们的安危，不过也无计可施。后来总统和副总统达成了两个小时的停火协议，在这两个小时内，同事们赶紧带着贵重物品和资料逃了出来。战争结束后，我跑去看这个宿舍，看到墙上有好多弹孔。

几天后，我到刚果（布）出差，突然听到河对岸传来了枪炮声。我一想，坏了，刚果（金）又打起来了。赶紧跑到刚果河边，发现已经围了很多看热闹的本地人，我个子矮小，对岸的情况我怎么也看不到。

到了傍晚，金沙萨的同事打来了电话，说大部分人已经回到了宿舍，但还有几个人被困在了外面。同事说今天下午比较惊险，交火的地方离办公室不远，枪弹横飞，办公室又在街边，临街窗户都被流弹射中，有五扇窗户被射穿，子弹穿进天花板或墙上，弹壳落在地上叮当作响，所幸没有人受伤。

挂了电话，突然听到一声巨响从头顶擦过，随后身后一声闷响，接着是东西崩落倒塌的声音，再接着听到的是人们的鬼哭狼嚎声。我问同事怎么了，同事指着后面的建筑说："刚果（金）的大炮居然打过河了！"我回头一看，后面酒店的右上角被炸掉了一大块，支离破碎的残砖正在向下落，酒店墙头的灯在闪了几下后熄灭了，随之周围楼房的灯也接连熄灭了，河边顿时一片漆黑。

在刚果（金）暴乱期间，我一直坚守阵地，没有撤离。我和留守的男同事一起，筹备应急物资，协调安保和救援资源；在最危险的时刻，地区部总裁陶景文也赶到金萨沙现场和我们一起坚守。幸运的是，我们所有的员工都安然无恙。在冲突结束后，也没有资产遭到盗抢，保障了公司后续工作的正常开展。

多年以后有人问，为什么我这个小姑娘不撤离？我说："代表没走，副代表没走，客户经理没走，公共关系部经理没走，项目经理没走，各部门一把手都没走，作为行政主管的我如果先跑了，大家吃什么，住、行、水、电、煤气谁来保障？"

刚果（金）的那次战乱，华为建的核心机房经受住了考验，经过枪击的华为基站也没有掉站，更为可贵的是，华为人在那种情况下选择了毅然坚守。

也正因为此，客户后来特地组织了一次和平庆祝会，我觉得，这就是给我们最高的赞誉！

2009年土耳其华为行政团队合影

华为人的脑子太好使了

犹记得那些美丽的片断：在埃塞俄比亚宿舍养的大乌龟驮着我在院里散步，在 Ghion Hotel 看别人的婚礼，在刚果河上开游艇，在 Zongo 瀑布野炊，坐在刚果（布）新办公室的地上晒太阳、做网线……所以在我要离开时是那么不舍。

在组织的安排下，我又奔赴了新的战场：土耳其——一个充满着瑰丽文化色彩的神秘国度。

土耳其代表处发展很快，主办公室从安卡拉搬到伊斯坦布尔，再从欧洲区搬到亚洲区，我在快节奏的工作中成长起来。

2011年，利比亚局势突变，那天我正在组织地区部年会，突然接到总经办萧永顺的电话，让我立马和他一起去中国大使馆。到了大使馆才知道，因为撤侨任务紧急，部分侨胞要经转土耳其回国，大使馆人力不足，已经无法应对，所以需要中资企业协助。

我正好带着便携机，使馆人员一边讲，我一边整理信息，绘制表格。会刚开完，我已经把计划和分工表做好了。使馆人员一看，觉得华为人的脑子太好使了，于是当场敲定华为作为总协调。

这次配合使馆撤侨的工作忙了整整两天，我们几乎没有休息。我们完成了一千多名侨胞的转运安排，其间无任何差错，大使也对华为人刮目相看，事后送来了一个大大的银盘表示感谢。

连带责任被罚一万

早前，行政主管是不参加代表处 ST 会议的。

有次我经过一间小办公室，看到里面一堆代表处的主管在讨论着什么，问了秘书才知道是 ST 会。我心想行政主管也是主管，为啥不让我参加，别拿豆包不当干粮啊。于是我拿了本和笔，搬了把小凳子坐到里面认认真真听了起来。

开始自己是有点不服气，也有那么点小虚荣心，但参加完几次 ST 会我才发现，自己的这个误打误撞让我知道了代表处很多大事小情，对我把握代表处脉络和制定行政计划有着非常大的帮助。

这两年，代表处也认识到了行政主管参与的必要性，所以现在行政主管参加 ST 会议也成了常态。

工作不总是一帆风顺的，2009 年，我就因为工作失误而流泪。

有一次，一位区域的行政人员在离职时，突然发现自己还有约 16000 人民币的备用金没有核销，这些费用是用来支付代表处水电和租金的，她的电子核销记录也非常完整。人力资源和法务分别告诉我，以她的工资水平，我根本不应该批给她那么多的备用金。最后人力资源部通知我，由于我的管理失职，给予我10000元人民币的罚款并通报批评。

回到宿舍，我越想越觉得憋屈，就找桌子椅子发泄，同住的姐妹了解了我的情况，拎了一瓶红酒安慰我。一瓶红酒下肚，我哭了，哭得梨花带雨，一是觉得委屈，就因为发票不知去向被罚了这么多；另外是悔恨：这么多年的行政管理，我到底有没有用心去管理？

那晚，一瓶酒，两个人，四目相对，执手相看泪眼。

第二天酒醒，我开始梳理备用金的管理，配合财务部一起发布了备用金管理制度，月度核对，重新将业务秘书分类，严格界定周转性备用金和常规备用金的借备人员和金额，同时借鉴了公司的文件传递电子流，使用到了行政与财务报销单据传递环节中。

自此以后，每次提交单据秘书都会扫描好并上传，后面的审批人都拿着扫描件和纸件对照，然后再确认，这样一来哪个环节丢了件就一清二楚了，我也再也没有因为管理失职而被罚。

后记

2015年，我结束了自己十年的海外行政服务生涯，调回了机关。十年间，我的足迹遍布埃塞俄比亚、吉布提、刚果（金）、刚果（布）、土耳其、乌兹别克斯坦、塔吉克斯坦……当我在东莞南方公寓的月荷湖边漫步时，会回想过去这十年的点点滴滴，这些记忆将陪伴我的一生。

（文字编辑：周　洋）

部分网友回复——

ICT：
柔弱的外表下有一颗坚强的心，为你的坚持、努力和付出，大大点赞！

不要重复：
有一种情结叫"非洲情"！早年去的都不容易，吃过苦，挨过饿，经过战乱，还要走在最前面安排所有员工的后勤保障。

爆炒苍耳子：
一晃十多年过去了，看晓艺的帖子勾起很多回忆。想当年在埃塞俄比亚的时候，晓艺比我们都忙，整个代表处上上下下的打理，事无巨细。十年海外，比我两次常驻加起来的时间都长，除了那句"滚滚江水，一发不可收拾"，再也无以言表。另外说一句，驮你能行走，驮我就趴窝的那只大乌龟，后来食物中毒就"龙驭宾天"了，我亲手埋的……

g00256529：
诙谐幽默的回忆背后都是不为人知的奋斗艰辛，顶一个！

木子哥：
十几年前，非洲市场还是一片待开垦的蛮荒之地，地广人稀，机会多多，只要你愿意去，就可以去，没有托业测试，没有外派认证，当然也没有现在这样的支撑平台，也没有导师制度。到非洲后，就要靠自己了，能活下来基本就能立功升官发财，活不下来一般就离职了。这篇文章的主人公，是公司正式外派的第一批海外行政主管，都是派到最艰苦国家去的。

延展生命的厚度

作者：周　宇

2004年9月，我从一国企离职加入华为。说起来很好笑，我是北京外国语大学英语专业的，本想去华为国际销售部，王海暾（时任全球技术服务部海外工程部部长）正好坐在"国际销售部"的牌子前面，我一个自诩文艺范、国际范的商务青年就这样阴差阳错加入了交付队伍。

初入尼日利亚

"啃"了四个月的技术规范

大队培训完我就直接被派到尼日利亚。当时公司最大的Turnkey项目V诞生，从机关到代表处几乎是从零起飞，公司没流程，地区部没能力，代表处没平台。一切，都要靠我们自己。

飞往昔日的首都拉各斯正是2004年中秋节，迪拜的冷月星空下电影《阿拉伯的劳伦斯》格外应景，让我对西非之旅生出一股澎湃的豪情来。

拉各斯代表处只有二十多人，大伙窝在一个居民楼里办公，坐的车是70年代的老奔驰，车一开，除了喇叭不响全身都响。食堂就

在边上一个楼里，当时条件有限，按时供给，去晚了可能吃不到东西，只能拿着饼干和可乐去客户机房干活。

客户主管技术规范的是一位南非人，他提出的技术规范非常苛刻，对很多产品都规定到了具体尺寸。一本全英文的技术规范有50厘米那么厚。我之前没有任何通信项目经验，但是为了能跟客户对话，我和其他同事每晚10点半后开始集体"啃"技术规范，每人学一部分，学完之后讲给大家听，之后再考试。项目经理秦华经常考我们：隔离变压器是干什么用的？主要参数是什么？浪涌保护有几级……答不上来的要请所有人吃饭。

这样学了将近四个月，我的英语专业和学习能力发挥了优势，学得非常快。慢慢地我们终于能够与客户就技术规范进行有来有往的谈判，2005年讨论骨干网技术规范时，客户说："You guys knew nothing in the beginning, but now you shout out everywhere."（你们一开始一无所知，但现在无所不知。）

经历苦难和诱惑的考验

当时代表处还没有平台，但按照项目交付策略我们要建三个区域平台和两个仓库。没有行政，我们自己来，在北部区域KANO（卡诺）和中部区域JOS（乔斯）各租了一个院子，一层办公二层住宿；非洲缺水，每周宿舍水桶靠水车补给一次，水车坏在路上大家就没水洗澡吃饭，索性自己打井取水；买不到水果，就栽了当地的芒果树和橘树；集市上经常买不到肉，看到院子里有草我们就养了四五只羊，以保障有肉吃。

市场封闭买不到菜的时候，只能吃酱油泡饭。"老干妈"和方便面属于"一级战备物资"，只允许给夜间操作、割接、加班到深夜的人或得疟疾或伤寒的病号享用，平时专人保管。值得一提的是，由于中方厨师匮乏，项目组成功地将一个本地保姆 Victoria 培训成中国菜厨师，她从 2005 年一直工作到我第二次去尼日利亚，至今还在，会做的中国菜也从西红柿炒鸡蛋扩大到大盘鸡等高档菜。

KANO（卡诺）仓库附近两个村子经常会因为琐事械斗。2005年5月的一天早晨，我们发现仓库门口摆放了一堆人头，而我们聘请的保安早已不知去向。片刻的震惊、恐惧后，当天的发货计划还是占了思想的上风，我们雇了几个村民打扫干净后继续进仓库，通知分包商领料。抗战老兵讲，两方交战时谁上战场都很害怕被打死，但看到旁边的战友倒下，报仇的情绪会战胜害怕和恐惧，会不顾一切冲上去。我当时可能也是这种心情，项目"压力山大"，我每天只想着无论如何都要完成目标，根本无暇去害怕。

因为欠缺经验，项目的站点获取、土建等部分是亏损的。在亏损压力下的项目中工作是极其痛苦的，必须盈利！随着项目的交付，机会慢慢浮现。我们从主力分包商处得知，原本非华为公司承建的传输骨干网进展缓慢，我们辛苦建设的无线基站因为没有传输无法商用。意识到机会出现，我们跟客户谈判，愿意承接更紧急重要的传输项目的土建，合同最终成功变更，而且在项目执行中又签订了二期扩容合同。2006年项目综合财务指标在公司各项目中排名第一。客户在我们的帮助下网络发展也非常迅速，短期内增加了 200 万用户。这是一个双赢的结局。

这段经历告诉我，不经历苦难和诱惑，永远不知道自己有多大的潜能和韧性，有怎样的品德。当时几千万美元的分包采购均出自我这个月薪一千美元的新员工之手，公司后来对项目做了很细致的审计，我可以自豪地说对外无愧于客户，对内无愧于公司，更重要的是无愧于心。

巴基斯坦峥嵘岁月

客户说我们是"亡命之徒"

2006 年 4 月我调到亚太片区做 Turnkey 项目采购主管。7 月，巴基斯坦 U 项目签约。2007 年西班牙巴塞罗那世界移动通信大会上，客户直接向任正非总裁投诉说华为根本做不了 U 项目，再也不给华为机会了。大年三十，我在出差途中接到电话，说项目组重组，调我去巴基斯坦地区部做采购主管。一个多月之内，新重组的区域项目经理就换了两任。当时公司同时在进行的有多个项目，已经派不出项目经理，而巴基斯坦北区正处于项目生死攸关之时。改组后的 PD，曾经在西非一起战斗的兄弟秦华用疲惫而又"含情脉脉"的眼光看着我，希望我去北区做区域项目经理，扭转败局。

深入项目后才知道它比想象中的要复杂得多。这是客户第一次把核心网、无线、搬迁、传输、土建全部交给我们，过去四年巴基斯坦网络没发展欠下的账，希望我们在 18 个月内帮他们补上，还不能对网络质量造成影响。

2007 年 4 月底，我们还有 32 个站需要做路测，但留给我们的时间只剩一天一夜。客户 PD "嘲笑"我们计划不准，这 32 个又会成为一个笑话。站点在巴基斯坦边境的 Kohat（科哈特），经常打仗和爆炸，合作方觉得危险不愿意去。晚上 8 点多，秦华和我等四个中方员工开了两辆车，再接上合作方一起出发。出发前我给客户打电话说我们已经亲自去现场测试。客户说很危险，不能去。我说我们要保证上线。走夜路还是很害怕的，沿路有军队，障碍物，爆炸后的残留物，还有裹在黑纱里露出的一双双眼睛……凌晨两三点赶到白沙瓦先住下，第二天 6 点驱车两个小时到基站，测试到下午 4 点多钟。潜意识里感觉到我们被很多双隐藏的眼睛盯着，危险的气息越来越浓。老司机说赶紧走，恐怖分子盯上我们了。我这才给客户打电话说还有四个测不完了，可以上 28 个。客户被我们震惊了，认为我们是一帮亡命之徒。

2007 年 7 月 3 日，巴基斯坦爆发"红色清真寺"事件，离我们宿舍百米多的红色清真寺极端组织和当地政府开战，打得很激烈。宿舍也被封锁了十来天。这个事件后伊斯兰堡治安急转直下，经常有冷枪。但是项目工期紧，我们还是要去爬塔，去调整网络做重新设计。站点油机半夜没油做不了 KPI 监测，我开车一个站一个站地转，看加油的车到了没有。当时大家心理压力都很大，内火攻心，公司无数的部门被投诉过，项目组内部开会也火药味十足，几次差点打架。而一天中最美、最轻松的时光就是，早上沿着马加拉山的鲜花大道一路开车到办公室。

这种情况一直持续到一件事的发生。2007 年 7 月的一个晚上，我到办公楼门口取车送大家回宿舍。常规路线一般都要经过办公楼后面的马路，边上是 F8 自由市场。碰巧车的遥控钥匙开不了门，心烦气躁之时大家开始一起骂车。突然"轰"的一声巨响从自由市场传来，距离办公室十来米远的地方发生了炸弹爆炸，办公室靠马路的玻璃全部被震碎。如按照平时的速度，我们正好开到那里，后果则不堪设想。刹那间，我感觉自己看透了人生。

爆炸事件之后，公司立即派了心理医生和医疗团队过来。万学军和我等区域经理挨个测试，结论一样：危险，建议立即休养。当时驻巴基斯坦的代表、项目负责人易翔怕我压力大，让我赶紧回国休假。后来他才跟我说："当时很多人都说你回去之后肯定不来了，

年底,在雪山顶上的一个站点合影。因大雪封山,车上不去,站点所需要的物料只有靠人力扛上去

但我相信你一定会回来的。"

难道真就干不成吗?

"这个项目要么干成,要么走人。"这是秦华对外派支援项目的人说的第一句话,不身处其中的人是不理解大家当时处于怎样的状态和压力的。很多核心骨干辞职,一波又一波,撑不下来都走了。我心里一直憋着一口气,不想认输,难道真就干不成吗?

客户刚开始一个人PK我们一个团队,说"华为不行"。项目组重组之后,客户对我们的态度才好一点,后来才慢慢说我们有进步了。还记得2007年6月,我们刚取得阶段性胜利,完成搬迁,和客户举办了庆功会。还没来得及缓口气,客户又写了一封"57条"

投诉邮件……几乎是晴天霹雳。当时的情况是，我们已经是公司最后的力量。如果我们失败，公司将没有能力再组织一拨人打项目，客户也没有信心再给公司机会。抱着"华为一定可以成功"的想法，我们忍耐，我们改进，我们开始从客户视角审视我们自身的问题，快速决策，玩命地干。9月份后，我开始天天催客户给站点解决传输问题，争论算法和验收流程。客户终于开始对我们放心。

投诉，换一个角度说，也是促使我们进步。在U项目的这一年，虽然很艰苦，但确实学到很多。因为客户什么都懂，你要跟他开会，甚至PK，你也要懂网络、运维、网优、维护、算法……这也让我在项目中不断进阶学习，获益良多。其间我参加了公司组织的U项目六期合同改进小组，成功地和客户谈判，改进了项目管理服务的很多验收条款。客户PD问我："你们凭啥'狮子大开口'，卖这么贵的项目管理服务？"我自信地说："大家都知道，你们这么复杂的项目和网络，只有我们这么专业的团队才能交付。"现在的团队是华为全球最精英的团队，我们很快找到了方向并且改变了局面。客户基本接受了我的观点。

从这一刻起，我知道客户内心已经认可了华为的价值，荣誉感就此而生。

再次在爆炸声中扭转败局

U项目成功后，公司调我去做W项目。项目需要到巴基斯坦南部区域的卡拉奇，以及边境城市奎塔、拉合尔，环境艰苦，民风剽悍，当地居民家中就有火箭炮、枪，经常发生爆炸。在拉合尔我们所住旅馆附近就频繁爆炸，黑烟升起的情况屡见不鲜。

我去的时候项目已经比原计划延迟了两个半月，需要在一个月内完成老项目并且启动新项目。有了 U 项目的经验，W 项目我们从规划、预算到交付都做得很好。2008 年 2 月 28 日，是大年三十，第二天就是我向客户 CEO 承诺的交站期限。项目组所有中方人员全部下站点，大家在站点的油机轰鸣、电话会议中度过了除夕。这一晚，有同事汽车在塔利班活动区的荒野里抛锚，有人半夜被抢劫，有人被恐怖分子威胁，所幸没有大碍。我们在一个月内补齐了老项目的旧账，给客户带来极大的震撼。而七个月工期，项目按照周计划准确按时交付，主要里程碑跟主计划相比误差只有一周，预算全部实现，算是做到了润物细无声。

很多人觉得枪击、爆炸很危险，我觉得真要说危险，哪里都挺危险的。在这种环境下，更多的是很多人在一起奋斗的快乐和充实。

山洪暴发，当天又必须开站——本地员工把备用内胎拆下来做成游泳圈，坐在轮胎上，冒着危险划到对岸开了站

氛围简单，机会多，团队共同成长，也包括咱们的本地员工。巴基斯坦夏季经常会暴发山洪，有一次我派两个本地员工开站，山洪前那个地方是一块平地，但是山洪暴发后全是水，水流速度很快，根本过不去。站点当天必须开，怎么办？其中一人把车的内胎拆下来，打上气，做成了一个大游泳圈，坐在轮胎上，冒着危险划到对面开了站。2007年底冲刺，巴基斯坦有座雪山上的站点要调微波，一个本地员工当时只带了一些饼上去，调了四天，没有吃的了只能吃雪，微波调通了才下来。

重回尼日利亚

——我们不能选择生命的长度，但可以选择人生的密度和深度

2008年W项目起死回生后，我被调回GTS机关管理验收。2009年项目管理峰会上任总和大家座谈，我提问项目经理能不能当CEO，能不能当代表？任总说当然可以。这个回答鼓舞了我。反观自己，我似乎还是更习惯在海外激情飞扬生活，觉得更能刷存在感和实现自我价值。

2010年，我重返尼日利亚。西非五年，在恐怖组织、在"埃博拉"笼罩的阴影下，我管理了尼日利亚所有A级项目，参与创造了尼日利亚的新一波的大发展。

西非是一个存量经营的市场，基础网络增长并不快，增长的是专业服务和软件。我们不停地追求卓越运营，持续提升效率，再反过来让基础网络收益。对客户来说，包括西非流量高地拉各斯在内，我们管理服务区域的站点可用率可以做到98%到99%。怎么做到的？靠全体交付员工的艰苦奋斗，从不退缩。其间我们多次在恐怖组织

活动频繁、"埃博拉"肆虐的地方帮助客户恢复业务,帮他们修缮被烧毁的基站。跟兄弟们下站点调微波,现场吃两根甘蔗、两个烤玉米就觉得是美味,要是遇到卖烤鸡的,那必须要买光。员工祁德峰,爬遍了北部两千多座铁塔,每次下去一个月见不到一个中国人,最大的期待就是回到 KANO(卡诺)基地跟大伙儿说说中国话。

由于交付打造的品牌,西非的客户一直信任我们,始终先于全球一步向我们开放更多更核心的业务。2004 年到 2006 年,我们在西非最早帮客户大规模建 GSM、核心网和 Turnkey;2007 年,客户把管理服务(含 NOC)给我们;2009 年,客户将 OSS、BSS 等核心业务向我们开放;到了 2013 年,IT Outsourcing 又向华为开放。客户愿意把更多的工作交给华为,"逼"着我们不停成长,输出最佳实践,为客户创造价值的同时,也给公司带来了很好的收益。

我们没办法选择生命的长度,但是可以选择人生的密度和深度。

路,在延伸(拉各斯夜景)

走过很多国家，看过很多风景，经历很多常人可能体验不到的痛苦和磨难，也享受到奋斗和收获的喜悦。不经历这些，我不知道自己即使面临巨大的诱惑也不会踏错行业，不知道人的韧性有多大，不知道自己原来可以成长如此之快；经历过这些才能心平气和地坐在有二十年甚至三十多年从业经验的客户CXO面前，谈笑间挥斥方遒。而我们以更好的服务、更快的速度交付，打破业界传统，后来居上，也来源于高密度高深度的持续作战。

　　故事还有很多很多，回首在公司的这些年，可以说是"善于胜利、敢于胜利"的信念支撑了我走下去。在艰苦和危险地区，内部简单，所有人对着一个城墙口冲锋，目标明确，价值分配到位，支撑大家坚持下来。战争的胜利很多时候就在于再坚持一下，这样战场可以出现万千种可能，转机随时可能到来，你抓住就行了。

（文字编辑：肖晓峰）

部分网友回复——

跟我走走：
看的感动得流泪，是激动，也有同感。
虽不及楼主经历苦难之多，但海外的日子却一幕幕闪现眼前。
兄弟是什么，寂寞是什么，艰苦是什么，没有枪林弹雨，怎敢担当？

z00183700：
"炮火"历练的英雄，血液里流淌着必胜的信念，球场上的周宇也是这个风格，向英雄学习！

爱美丽的天使：
本地员工也好棒！！

100281415：
看完此文心情久久不能平静，仿佛看到一个风华正茂的美男子，在一片狼藉中倔强地踏测，用最坚强的背影为我们写了一首叫"奋斗"的诗。

你就乐吧：
越是艰苦的地方，越会对人生有较深的感悟！越会结交一些真性情的朋友！
江湖出我辈，峥嵘岁月稠！

薛定谔的猫猫：
从当年的小鲜肉成长为公司顶级交付专家，永远的榜样！

| c00344185：

作为一名初到海外的员工，看完这篇文章之后，真的很感动。让我不禁想起一句老话：平静的水面，锻炼不出一名优秀的水手。战火纷飞也好，自然灾害频繁也好，恶劣的生活环境也好，只要你有一个敢于胜利、善于胜利的心，你就会有前进的动力！

| 要不要插一脚：

看过大漠苍凉 / 听过狮吼象狂 / 铁塔铮铮矗立 / 微波咝咝作响
我不知道黑夜的路还有多长 / 电闪雷鸣会不会劈在旷野的丰田车上
脚下的戈壁滩好像在变长 / 赤道的大太阳似乎在膨胀
但我依然走向前方 / 筚路蓝缕 / 行者无疆
——送给周宇